陸麗雅著

文史哲詩叢

東海岸戀情

文史哲出版社印行

國家圖書館出版品預行編目資料

東海岸戀情 / 陸麗雅著. -- 初版. -- 臺北市：文史哲,民 91
面： 公分.--(文史哲詩叢;50)
ISBN 957-549-437-7 (平裝)

1.

851.486 91008248

文史哲詩叢 ㊿

東海岸戀情

著　　者：陸　　麗　　雅
出版者：文　史　哲　出　版　社
http://www.lapen.com.tw
登記證字號：行政院新聞局版臺業字五三三七號
發行人：彭　　正　　雄
發行所：文　史　哲　出　版　社
印刷者：文　史　哲　出　版　社
臺北市羅斯福路一段七十二巷四號
郵政劃撥帳號：一六一八〇一七五
電話 886-2-23511028・傳真 886-2-23965656

實價新臺幣二四〇元

中華民國九十一年(2002)五月初版

ISBN 957-549-437-7

獻給漁人

點亮一盞夜的呢喃
圓一個前世未了的心願
寫下一篇愛的喁語
許一個來世再續的情緣
我以字編織思念你的網
我用詩描繪愛戀你的情

東海岸戀情 目次

卷一 愛的祕語

卷二 吻我在風中

卷三 東海岸的星星不肯睡

卷四 戀棧一顆紫色的心

卷五 微雕一份真情

卷六　你是阮暗暝的光

卷七 初春的刺桐

詩找到了家

高媛貞

那夜，在雨中，你來。初見，話好多，彷彿是老友。生命中的尋覓，在滴答滴答的雨聲中相互交錯著。

今晚，千年不動的火山，轟隆一聲，火紅的熔漿，噴湧而出，於是光便出現在那端，詩在滾動著。生命的悸動，剎那凝結在詩中，深深的，牢牢的，鎖在黑色的熔岩中。

如果說，生命的井口未曾被深深的挖掘，詩就成了一個謊言；愛啟動了靈魂，詩找到了家。

不肯低頭的野百合

周素華

黃昏後的一場太陽雨，為天空揭出一道旖旎的虹，流離的金光，穿透鴿灰藍的雲層，點點灑在石梯灣。坐在單面山上，看著崖壁迎風搖曳的野百合，想到了麗雅，這清麗雅致的女子。

認識麗雅已四年，而這四年來，她始終如一：耐心教導學生，用心對待朋友，認真過生活，堅強克服各種逆境。她始終釋放善意，由「心」發出溫柔頻率來吸附影響周圍的人。

她過的日子並不順遂，但就像港灣擁臂吞吐過往船隻一般，她都一一承受下來，而仍能含笑以對。

知道她畫國畫、油畫、也畫兒童繪本。知道她一直在寫些什麼，卻不知道她能在短短三個月內寫出一本詩集。若非用整個身心靈慾去衝激情，磨擦愛，很少讀詩的我，怎能透過這層層薄紙，感受到這燙人烈焰？

感謝麗雅，她讓我又看見東海岸醉人的星空，及水涯山壁不肯低頭的野百合；她讓我看見愛情的另一種容顏，及對生命認真無悔的態度；當然還要感謝她出了一本詩集，讓我有機會寫生平第一篇序。為她欣喜！

捕捉一份深情

李明珠

麗雅這個人，真想把她的腦子剝開來看一看，聯想力怎能如此驚人，「情」吧！。還記得元宵夜提燈籠夜遊，麗雅詩興又來，星星月亮都有了情感聲音，理智變遠了，我頓時細胞敏銳都跟著詩了起來，對！沒錯，這就是麗雅，嘲笑自己不是詩人，是「濕人」，是「呀呷濕淋淋」的這個人，賦予生命、人事物美麗的故事和各自靈魂是她與生俱來的特質，大地彷彿不斷借由她的口，不管是主角也好，配角也好，在上演著不同的故事。

＜夜半我醒來＞是傾聽大地的聲音，從整個詩集中可以輕易發現，她用全心試著在和大自然對話，同時也深愛與自然共舞共融。＜我用你的愛寫詩＞「愛」是對大地的愛，是對漁人的愛，大地保留漁人的香味氣息，以及勾起的段段回憶，漁人使大地更加有情，而其實真正多情的是誰呢？＜啊漁人＞是等待、是思念的情愫，＜激情夜＞過後是心酸的浪漫，＜夢中的你＞延續溫馨的回憶，滿滿的愛填滿心中，何需悔意，這是我最喜歡吟的，沒想台語可以這麼美。我還是忍不住要歌頌愛情，去沈浸去品嚐吧！即使人生是如此的苦痛，退縮了就嚐不到真正的甜美。

∧在南迴的列車上∨有風景、有旅人、有歸人，有故事回憶在其中交錯，這是我另一首很喜歡的詩，搭火車的沈浸心情，獨行又悠閒；另看了∧雲的記憶∨，就想把它唱成台語老歌，麗雅，你把它編成一首歌，好嗎？遠離家鄉的思親人們，也有一樣的情緒。

詩中有許多大自然的聯想，正是麗雅平時生活的點滴，雖不少拗口的文字，而如果你細細的品味，將發現她輕輕撒下的詩意，彩繪出一幅迷人的景緻，這就是畫畫捏陶懂音樂的麗雅，詩意的心。

星空裡的對話

陸彤驊

生命的循環若是無止盡的輪迴，我們在每次緣起緣滅過程中的學習都具有其價值與意義。

藍色的海　浮著一粒綠色的珍珠　原來伊是火龍吐出來的寶珠

綠島的另一個稱謂「火燒島」。孩提時，父親描繪述說綠島的故事，說綠島很熱，樹很少，且她是一孤獨的小島，犯重罪的人都會被關在那兒。小小的腦袋裡幻想著火燒島像似西遊記裡的火焰山，小鳥飛到島上一定會被烤成「膠阿八」。後來，一首綠島小夜曲「這綠島像一隻船，在月夜裡搖呀搖！姑娘喲，你已在我的心海裡飄呀飄——」對她，又有另一種遐思。

在〈綠島之戀〉裡看到綠島的美麗與悲情，綠島的美在於她的自然景觀，而她的悲就映在那道白色的牆上，在炙熱陽光的照射下，建築物與自然景觀形成很強烈的對比，而牆上字跡述說了前塵往事，圓柱向天發出大地的吶喊，飛吧！乘著自由的雙翼，迎風而去吧！玫瑰的美是凝聚在尖刺的頂端，而自由的可貴是站立在鮮紅的血泊中。

那天和麗雅去糖廠撿雨豆樹的種子，一杯酵母冰，一場布袋戲，一首〈雨豆樹的風雨情〉，陽光灑下父親的笑，刻在母親的額頭上。

時間　向前走　生命　向前走　年歲　向前走
智慧　向前走　記憶　向後走
模樣在時間的走廊裡　走了樣
心思在歲月的輾轉中　失了味
你在我的淚眼滴流裡　模糊了

看罷百年時光的轉移，這孤身傲骨的行者，歷經流金的風華，走過落魄孤寂的歲月，一聲鑼響，敲醒沉睡百年的魂，儼然以智者的身分再次粉末登場。於是，雨豆飄落一季金黃的粲笑，在她的舞台上獨自旋轉。

前年暑假在失去父親，失去一切的沮喪中到台東找麗雅，在石梯灣我們熬夜看流星雨，黑暗星空是小時候璀璨的記憶，也是在城市裡忙碌後的失落。在〈東海岸的星星不肯睡〉裡我看到滿天星星的眼睛在與我對話，自然界發出古老的訊息，治癒一顆顆來自城市受傷的心靈。

微微的光　佇暗的所在　親像璇石　佇烏天暗地的時　伊是向望的燈塔

糖廠的五分車，載著一群吃酵母冰的遊客，巴洛克的迴廊上我們按下快門，「白色的戀情 黑色的火車頭 嘟嘟一聲哭出糖廠的戀歌」糖廠的火車載我們走過日據時代的悲情，走過父親的年少歲月，再走過專科打工的日子；往日次殖民的悲歌，今日沒落的台灣製糖業，我們只能在綠鏽的斑駁廠房上，緬懷她昔日光彩的容顏。

拼貼生命中的驚喜

陸麗雅

一向喜歡享受孤獨的我，不喜奢華、不愛與人八卦，五年前初到花蓮代課，就深深的被東海岸吸引。一絲輕飄的微雲，一群低飛的白鷺，都是視覺的享受；幾朵崖邊的野百合，幾聲拍岸的碎破浪，都是聽覺的饗宴。漫步東海岸的沙灘，你可以傾聽自然的微音，看見風的遼闊容顏，一朵白雲一個夢，一顆流星一個願望，一聲浪濤一次激情。我用歌聲唱不完她的美，用畫筆捉不住她的丰采，於是用詩來孕育一籃美麗的春天，從一月底提筆至三月底完稿，急書了五年來隸屬於東海岸的一份情。

培根說：「詩是想像力的遊戲」，在這本詩集裡我用星月風雲來傳唱東海岸的情歌，用山海花樹來訴說對東海岸的愛戀。當初春的刺桐在海岸線盛開，掛滿一樹千吻的紅唇印時，我寫下了她；當紫色的苦楝花飄送滿山谷的清香時，我寫下了她。在〈東海岸的星星不肯睡〉這首詩裡，我串聯了對花蓮與台東的情感，從七星潭到石梯坪，從長虹橋到知本溫泉每一個迷人的景點都是一次美麗的邂逅。我寫詩其實是為了好玩，偶爾感覺來一天就寫五、六首，有時是做了一個夢或看了一本雜誌就順手寫下，像〈夢工場〉和〈浮夢謳歌〉就是如此成稿的。好友李檬看了我的詩後，突然驚覺自己好像沒有談過戀愛，她說要好好重新看待我了，那天她把〈攝住我心〉唸給畫室的小朋友聽，沒想到出乎意料的大家都畫得很有想像力，奇妙的是那整個下午不論我在開車或在畫畫，那首詩一直在我腦海中迴響，文字本身真是具有凝聚集體意識的魔力呀！我在打〈激情夜〉那段時，自己看了都臉紅了，雖然文字有些煽情，但是我只是想把愛的感覺或電影情節以文字真實的呈現，至於含不含蓄倒沒考慮到；原本來到東海岸的人，很容易就被一抹海藍、一陣清風醺得微醉，很容易浪漫的嘛！何況我這麼有感情的人在這裡住了五年耶，不把她寫成詩多可惜啊！

我童年住在高雄市郊，那時的高雄，天很藍、雲很白，房子很少，早晨起來就聽到高雄港的汽笛聲。門前的大水溝有孔雀魚和大肚魚自在的游著，晚上庭院的扶桑樹洞下有螢火蟲閃著金光。當風從耳際輕輕飛過，我會想起父親口中爺爺的故事，因為爺爺的名字是陸風；夏夜裡睡在樹屋上數著滿天星斗是我最大的幸福，因為爸爸名文曲。風是我情的寄託，光是我愛的依靠，這種感覺在兩年前父親以九十一高齡離我們而去後更加強烈，行筆至此淚不禁滑落，那是對生命的不捨與依戀。

兒時的家是位於省道旁的日式大宅院，這棟大宅院曾是兩位退休老兵的家，有一天兩人發生了口角，其中一人殺死了他的同袍而被關，後來我見到出獄的那位老兵都很害怕，不經意就把他與毛澤東聯想在一起，因為長得有點像，聽說前任屋主的女主人還莫名的瘋了。三姊住的房間曾是命案的第一現場，大廳是埋屍的地點，我每次掃地時看到那塊重鋪而滑亮的水泥地時並不以為意，偶爾有點害怕時我會看看牆上掛著摩西得自上帝的十誡捲軸唸一唸就不怕了；因為父母親堅信基督的愛能包容一切，所以我從小就學會尊重不同空間的生靈。可是半夜想如廁時要到後院豬舍旁的廁所是件很嚇人的事，每次我都找小灰狗去作伴，但可千萬別讓牠發現老鼠，不然牠就去追老鼠而丟下在昏黃燈光裡如廁的我不管了；然後我會在裡邊壯膽大叫小灰…小灰…快回來，接下來是我用飛快的速度衝進後門，再用五吋釘快速鎖上，再快速的越過三姐的房間，回到大通鋪蒙在被窩裡才不再害怕，現在想起倒挺好玩的。

寫台語詩是我的第一次嘗試，在卷六裡我用兒時的記憶與思念的情來寫，〈你是阮暗暝的光〉裡有我童年怕黑的孤單，以前時常夢見幼時的日式大宅院，在天未亮的昏暗中，再去關一次前門吧！那只要輕輕一推就開的木門門，我現在依稀記得清晨四點，推開門的那一抹紫藍的天和詭異的靜。在天未亮的昏暗中，再去關一次後門吧！那只用一支五吋釘當鎖的後門，只要風大一點就會被吹開了。東側的廚房門也常因晚上哥哥趕回羊群時忘了關，所以關門是我小時候最重要的工作，尤其自從那次半夜發現那名黑衣客站在我們通鋪的頭頂上時，那種在黑暗的驚嚇中喊不出話來的感覺現在依舊深刻。隔天雖然發現被偷走了的只是放在廊上的牙膏，但幼小的我從那時起，就把關門當成是自己守護家園的重要工作，那時我大約讀小學三、四年級吧。自從遇見他後，童年的夢裡不再漆黑，從夢裡有微光到色彩的出現，他一步一步引領我走出黑暗的陰影，這份情我會永遠珍惜。

〈等待風來的白鷺鷥〉是對爺爺的想念，父親十四歲喪父，在二次大戰的戰火後，父親找不到爺爺的墳，我只能期待在風中與爺爺相會了。〈糖廠的戀歌〉裡暗藏日據時代的悲歌，〈雲的記憶〉是珍惜父母親與他的情。小時候父親時常陪我們坐在庭院看雲編故事，他偶來詩興會教我們用台語吟唱古調的唐詩，記得第一次上主日學時就深深被聖經雅歌裡文雅的詩篇吸引，所以我對台語詩有一種很熟悉的親密感。寫台語詩多少含著一些悲情與斷裂的鄉愁，一個回不來的童年，我只能用詩拾起記憶的真實碎片，拼湊出一份遙遠的思念。

人生的河不可能都既深且寬，潺湲不絕；心靈的泉水不可能永不乾涸，源流不斷。嚐盡人情冷暖的人方能體驗人生，成為生命之河的主宰。原本未住進日式大宅院時父親開了一家輪胎工廠，那時我才出生不久，那是四〇年代，家裡有黑色包車和司機，後來好賭的大伯連賭三天三夜，輸光了父親的所有財產。大富人家的媽媽為了養家，開起了小飯館，文質彬彬的父親也放下畫筆賣起麵來。小學放學的工作就是洗碗，有時候洗著洗著就睡著了。暑假還去冷凍工廠剝蝦殼，很冷很臭；到了國中為了賺取學費，和大兩歲的姊姊去隔壁老師家拖地板，很辛苦很累但沒有辦法！生活總是要過。沒有嚐過苦的人怎能體會別人的悲，沒有流過淚的人怎能了解別人的痛。

八十三年我出了車禍斷了左膝韌帶，腳掌嚴重撕裂傷，當我看到自己的骨頭時才知道痛，因為傷口有許多泥沙，當醫生用消毒噴槍沖傷口時，沒有任何親人在旁，只有那雙溫暖的護士的小手。那是高雄嚴重淹水的颱風天，高速公路也淹水，疼痛的腳，到了醫院已經過了六小時，不巧的是醫院又停電，醫生延誤診療，細菌感染。當我躺在病房時全忘了那幾萬根針刺痛的感覺，只想好好的睡一覺。住了半年醫院，因醫生誤診開了三次刀，當我頭一次全身麻醉時，感覺耳際伴隨著樂聲進入一道彩色的幾何時光隧道；第二次半身麻醉時聽見護士說：「哇！要補的皮割下太大了怎麼辦？」醫生只淡淡的說：「丟掉。」就這樣一年不能走路。但那一次我重生了，再大的痛也嚐過了還怕什麼？車禍的夢魘是牧師禱告解除的，這生命深沉的痛，要嚐過的人才會有同理心。醫院住久了，看著進進出出的傷者，我從悲傷者變為安慰者。生命中有許多的過站，在標示清楚的迴轉道上有一個強力磁石，吸引著每個過站要出現的角色，不論緣淺緣深總要相聚，然而在一生中能在心田深處烙下印的卻只有一二位心靈的知己。

去過地獄的人或許看過天使的笑容，嚐過死亡的人或許聽見親人的吶喊。生命是喜悅的，當我看見小姪子誕生的那一刻，我感受到了。生命是尊嚴的，當我面對父親死亡的那一刻，我體會到了。生命是殘酷的，當嫂嫂產下一對雙胞胎死嬰時，我震撼住了。生命是脆弱的，當我在漆黑的夜裡海葬那隻我養了十多年的小狗時，我想起了嫂嫂的死和那對紫黑色的死嬰。上帝呀！這生命中可以承受的重，到底有多沉啊！這生命中可以挖掘的痛，到底有多深啊！有一首生命的歌，在我沉寂的心靈中深深的烙印著，每當我遇到生命中不可承受的重時，它會不停的吟唱著。那是《聖經》詩篇二十三篇：「耶和華是我的牧者，我不至缺乏，祂領我到青翠的草地，帶我到安靜的水邊┅┅帶我走過死陰的山谷┅┅祂的杖安慰我。」宗教是最完美的心靈拯救者，當生命的悲歌無法抑止時，改唱聖歌吧！學習生活一定要面對死亡，因為死亡讓我們記住生命的有限（派克語）。

每個人都必須駕著自己的小船，航向生命的深河。這世界上，沒有一個人能像我一樣了解自己；即使是知己或最親密的伴侶，也無法時刻分享完全的自己——那內在外在都坦然面對的自己。即使再忙碌，每天我都會為自己留下一段與自己心靈對話的時間，和自己的心靈說說話，分享自己的喜怒哀樂，沒有做作，沒有矯飾；不需要燭光，也不需要浪漫，只要點亮一盞心燈，一盞想開就開，想關就關的心燈，這麼隨心所欲，這麼自由自在。在不同的境遇有不同的心靈體驗，經不同的過站有不同的心靈視野。

自從決定孤獨一輩子，勇敢面對黑暗變成我的重要課題，在學畫的過程中體會到黑暗只是光的變化，就不再恐懼黑夜。現在生活雖然忙碌，但獨處還是我最深的渴望，如果時間可以像磁片一樣壓縮，那我就能挪出更多的時間，做我自己想要做的事——看書、畫圖、捏陶。那些成天喊無聊的人真是讓人疑惑！哪兒來的那麼多時間強說愁？

孤獨真的好美，我常帶著一刻靜謐的心，坐在海邊悠閒的聽海的輕唱、聽山的低語。除非需要畫材，否則我堅持不帶相機；因為我喜歡用心靈去感受、去捕捉那瞬間即逝的當下之美。孤獨真的好美，似乎只有在獨自一人時，才聽得見自己的心跳聲，才聽得見宇宙的元音。當中接觸佛教是我生命的轉機，也是我達觀喜樂的開端。我無法主宰肉身的我，這生理的心常隱隱作痛，但心理的心卻是包容的、寬闊的、開朗的、健康的，自在的看這擾攘的凡塵，生命的每個片刻都是美的。最近愛上墨西哥女畫家O'kkeeff的寧謐與幽遠，在初春細雨紛飛的日子驅車入山，滿山野花綻放笑顏，乍見白鷺鷥用他的雙腳在水田寫下一生，一天一句。

誰也無法預估生命的未來，把握每一個當下才是最重要的。於是，我以文字為波濤，用兩首詩釣起一段深情。泰戈爾說：「生命，美在它的過程。」僅以這本詩集，獻給我的親人及所有的好朋友們。

卷一　愛的祕語

愛的祕語

海　提早吞下最後一抹嫣紅
夜　趕緊換上墨藍的薄紗

啊　漁人　你自黑暗中走來
赤裸的雙腳還沾著帶鹽的細沙
我用長髮拂去你白日的疲憊
微濕的衣袖還殘存海水的腥羶
我用指尖洗淨你搏鬥的汗水

啊　漁人　今夜
讓我為你端上一杯醉人的紅酒
讓我為你點亮一盞迷濛的燭光
啊　漁人　今夜
讓我在暗處裡聆聽你的心跳
讓我在昏黃裡尋覓你的脈動
直到夜的小黑點找到光的方向

東海岸戀情　4

海　慢點兒吐出嘴裡的金球
夜　慢點兒退下夢裡的藍紗
讓我再許一個千吻的願
讓我再聽一次永恆的祕語

【附】黃昏在石梯坪的海邊漫步，夜裡沐浴時偶來詩興，寫下這首詩。

相擁在崖上

相擁在崖上
海濤和白雲共舞
草浪與我倆共舞
輕舟划破陽光碎撒的金黃
寂寞的沙灘只有山在相望

相擁在崖上
風斜吹雲的長衫
海輕撩浪的裙襬
雁陣劃開彩霞渲染的嫣紅
寂靜的草原只有花在輕笑

一陣南風從指尖穿過
淡出野茉莉的清香
紫星雛菊也來唱和

相擁在崖上
風吹開我兒時的記憶
海傳唱你童年的歌謠
我們駕起風的羽翼
飛進雲的故鄉
尋見未來的夢

【附】在墾丁聯勤活動中心附近的山崖上低坐，近處南風吹斜了綠草，遠處微雲輕飄，海面銀波盪漾，美得像一幅畫。

速寫石梯坪

海神撒下雪紡的藍羅紗
裸披在石梯姑娘的細腰上
山神卸下岩砌的古台階
散步在石梯漁郎的粗臂彎
沫白的碎破浪
挑弄鴿灰的沙灘
岸上的鵝卵石
移不動醋意的腳步
奶白的棉花雲
親吻鐵褐的岩壁
崖洞的老樹蛙
跳不出渴望的雙眼

清晨　海神呼喚船隻出帆
冬陽　灑下一道金黃的水道
午后　山神守護船隻歸航

彩霞　曳引一川渲染的河

【附】石梯坪是我五年前初到花蓮的驚艷，在沙漠風情的民宿與高姐和一群朋友玩陶，結下至深情緣，此生永難忘懷。

垂釣一首詩

坐在你單面的鼻樑上　垂釣
斜拋十碼的鉛標　下餌
釣起一串漂游的字句　像詩

坐在你單面的半唇間　垂釣
斜拋五十碼的弧線　沉底
釣起一顆紅色的心　是情

坐在你單面的眉毛上　垂釣
斜拋百碼的浮標　迴流
釣起一朵白色的雲　是愛

坐在你單面的耳廓裡　聽海
浪拍不碎熾熱的心
風撼不動堅固的愛
情順著水流漩進我的眼　是詩

【附】單面山是石梯坪聽海的最佳景點，也是釣客最愛的磯釣場。

承諾

不敢要承諾　怕愛枷鎖
不敢要承諾　怕情桎梏
讓海靜止在我心間
讓風記憶在我心田

不敢要承諾　怕愛變質
不敢要承諾　怕情褪色
不敢要承諾　只許一個願
當生命老去　能死在你懷裡
不敢要承諾　只請一個求
當你思念我時　請到海邊
拋下一朵素百合
抬頭　見我在藍天裡對你笑
這就是我倆的承諾

東海岸戀情　12

忍著點

忍冬醉飲初釀的新酒
北風撕裂秋娘的紅衣
寒雨淋亂野地的篝火
銀雪冰封哂笑的山口
劍劃下一道狐白
忍著點　淬煉完最後一招
就可出關

炕上的火才熱
爐上的酒剛溫
姑娘的粉頰初泛紅暈
左襟的盤鈕竊竊私語
忍著點　淬煉完最後一招
就可出關

微雨後的餘光

憂愁的雲滴下昨夜的無奈　數朵
含笑的花輕搖抖落唇印　一個
嫣紅燒盡昨夜的殘燭焦灰
夜裡的琴絃彈出晨露的笑靨
草叢裡的螢火亮出微雨後的餘光

築一道虹橋遮住焦黑的天
落地窗上有另一朵虹彩在笑
夏天的蔓藤翻牆探入深閨
牆角的大提琴想換高頻的調
輕巧的貓腳踩不完慵懶的韻

今晨微雨　山後有餘光　紫的
像高腳杯　映上數點嫣紅
今晨微雨　山後有餘光　藍的
像琉璃珠　漫射幾道碎波

微雨後的餘光照著妳的背影慢慢拉長

【附】鹿野的美人山，有如觀音靜臥在卑南溪，每當雨後陽光暫露時，多變的色彩恰似美人善變的情緒，美得叫人心動。

潮來

打開軒窗放潮聲進來
邀海喝完一杯咖啡香
吻一口你嘴角的奶香
綻開一朵三月的杜鵑

打開軒窗放潮聲進來
邀海跳完一支曼波舞
擎一柱白蓮的微笑
盛開一朵六月的思念

打開軒窗讓記憶回來
潮聲奏起海的交響樂
浪濤繪出海的皴染畫

打開軒窗讓記憶回來
邀你暢飲一杯輪迴的酒

醉了今世　還有來生

冬遊金針山

我們等不及春的微笑就上山
百合還包裹著忍冬的寒衣
我們等不及夏的奔放就上山
萱草的金衣還未紡成紗

輕霧傾洩一湖灰濛的綠
水珠垂掛兩道濃密的眉
微風只吹拂深情的人
陽光只照耀依偎的樹
紫　是山櫻神秘的笑
綠　是鐵樹堅挺的袍
遊客請不要按下快門
我倆不是情樹的背景
喧嘩請快點離開
靜謐是山的吶喊

冰冷的雙手　握住一杯香濃的咖啡
握住你的手　餘溫從指尖親吻我的雙唇
顫抖的身軀　披上一件溫暖的冬衣
握住你的手　餘溫從指尖漫入我的心田

【附】冬天的金針山，遊客稀少，坐在兩棵戀愛樹旁，一陣微風吹送幾縷輕霧，霧裡有濃濃的咖啡香。

綠島之戀

藍天懸掛一艘綠的輕舟
大海吞嚥不下他青翠的眼
吐出一串破碎的白花浪
低坐在拱橋下的山凹裡
看不見浪
濤聲漫進白雲間
微風輕移蓮步　吹皺一潭青碧
我撈起一條魚的微笑
緊貼你的雙唇　溢出野百合的芬芳
斜躺在拱橋下的山凹裡
聞不見香
百合緊摟崖壁的腰
爭看第一道藍光　搶佔第一次浪濤
我採擷一簍珊瑚的藍草
緊靠你的臂彎　湧出愛的潮水
止住撥弄的情絃

東海岸戀情　20

航向姑娘的心灣　時間緊迫

走在海風裡　赤腳　憶起童年
挽一個髮髻　浸入　一潭青碧
你額頭的汗　滴落　帶鹽的泉
我眼裡的藍　映著　白雲的笑
陽光撥開雲層　搶佔一池溫熱
趕走吵雜的遊客
浪花撩起裙襬　跺腳跨不上岸
嬌生嗲氣的罵著
海底汩出一顆顆珍珠
恰是詩人偶拾的細紗
放入寶瓶
期待一次真心的擁有

將軍辭別姑娘的紅綾綢　就要出征
繫上一條思念的黃絲帕　記得回來
送上一塊定情的綠璞玉　聊解相思
令已發　劍佩腰　躍上馬　走一步又回頭

情已動　心更痛　淚先灑　望一眼再揮手
馬蹄聲牽引著兩顆碎裂的心
漸漸遠去

牆上掛著昨日母親的淚水
裂開一道割痛心肺的痕溝
那個不能抗議的白色年代
關進多少吶喊的傷口
尋著藍天的腳步前進
飛出鐵窗的雨燕無聲狂叫
岸邊的白沙掩不住血的烙印
崖上的蔓藤爬不出黑的深淵
還給綠島一對夏的羽翼
再覓一次光的赤裸
飛向藍天

坐在雲端　輕吹一艘綠帆
穿梭雲柱　碎撒一片金光
拋出水袖　滑出一絲溫柔

東海岸戀情 22

告別綠島　下回再請觀音出洞

【附】買不到機票又會暈船的我們，堅持在初春一親綠島的芳澤。於是，馬蹄橋下的和風、朝日的溫泉、將軍岩和人權紀念碑都攬入詩材。在船上搖出一陣驚嚇後，回程改搭飛機，在雲上寫下最後的告別。

卷二　吻我在風中

吻我在風中

午後的夢境裡　乍見你羞澀的粲笑
黃昏的橘陽下　步向你綠郁的小徑
穿過幾畝菜田　蘿蔔　蘆筍　芹香
越過幾道溝渠　田螺　小魚　蛙鳴
閉上雙眼　我漫步在餘暉中
聽見低語　你紡織風的羽翼
飛向我　輕柔的捉弄髮絲
看見我　狂野的掀亂衣衫
啊　漁人
吻我在風中　以橘陽的熱
吻我在風中　以芹香的濃
啊　漁人
我漂浮在你永恆的微光中頻頻回顧
啊　漁人
我熟睡在你脈動的綠田上不想有夢

【附】黃昏，與四姐漫步故鄉橋頭的田間小徑，南風吹掠髮際，一群雨燕低飛過

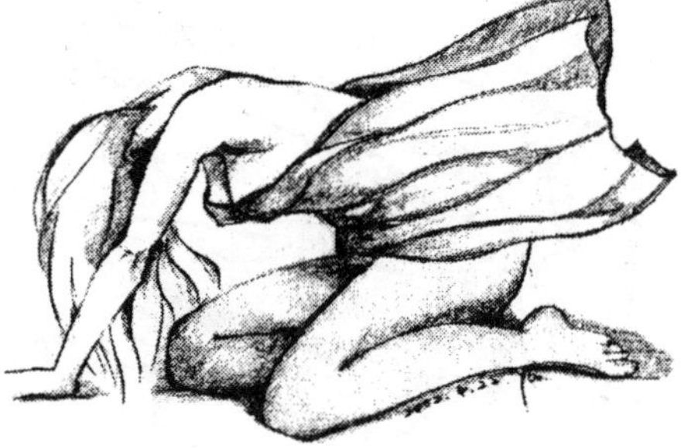

菜園，一顆火紅的夕陽慢慢跳落。

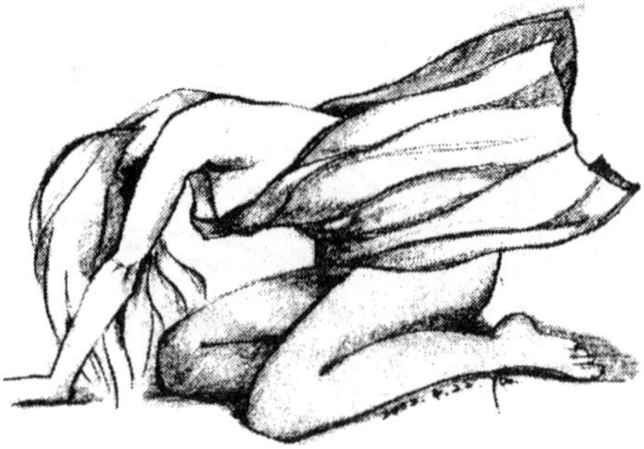

風的記憶

我在暗處裡挑著喜悅的燈
一生尋尋覓覓盼一精神伴侶如你
一份心靈的相契　這一生別無所求
只願那心神交會的美好
那一份心靈交融　勝過肉慾千倍

不佔有　不改變　不強求
只願在互傾心聲的夜裡
頻頻低語別人看不見的生命負數
期你在風中閉目神領那份感覺

不談將來　不談結果　不談一切如何
打開你的心扉　再許一個扶風的機會
你會看到風中有我們交融的笑意

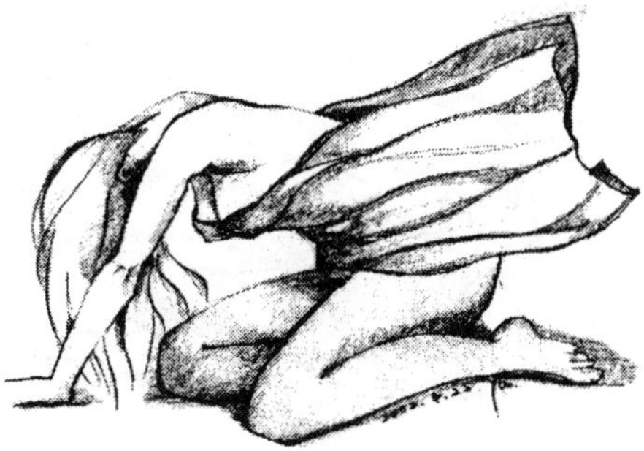

挽著你

挽著你我的心如雀躍的雲朵
你輕輕的說
好似回到初戀的甜美

挽著你　我的笑如乘風的羽翼
你輕輕的說
靜謐的山迷戀海的挑逗

挽著你　站在風中
你用溫柔緊扣我的胸口
挽著你　站在海邊
你用身子阻擋冷冽的北風

挽著你　不知路有多遙
挽著你　不知情有多長
挽著你　默默的往前行

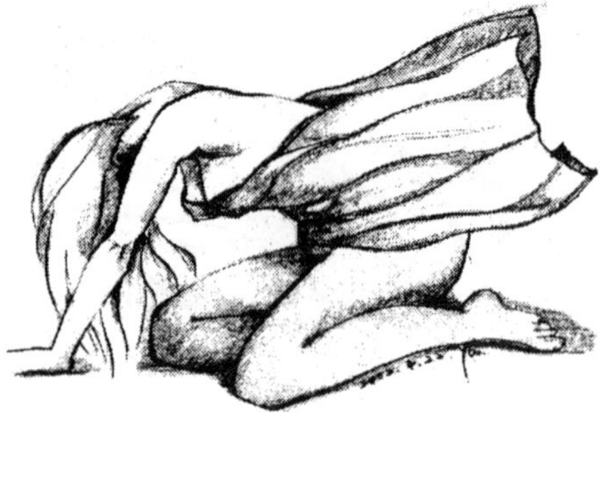

雨開始下了

戰敗的十字架　垂掛胸前
一陣風打開房門　察看
屋腳躺著蝶的枯翼　掉落
窗軌懸著熟睡的壁虎　沉重
雙唇顫抖時間的錯　於是
塞入滿嘴的讓未來痊癒的藥
腳邊磨蹭的貓不知無奈的苦

掩上房門　鎖住喵叫
闔起雙眼　準備睡覺
風　傳來啪叮的籃球跳
太陽　躍上歪斜的樹脊狂笑

打開房門　堵住喵叫
睜開雙眼　準備寫詩
電話傳來　罣慮的心跳

嘴角牽動　記憶的微笑
天空捲起濕軟的烏雲
雨開始下了

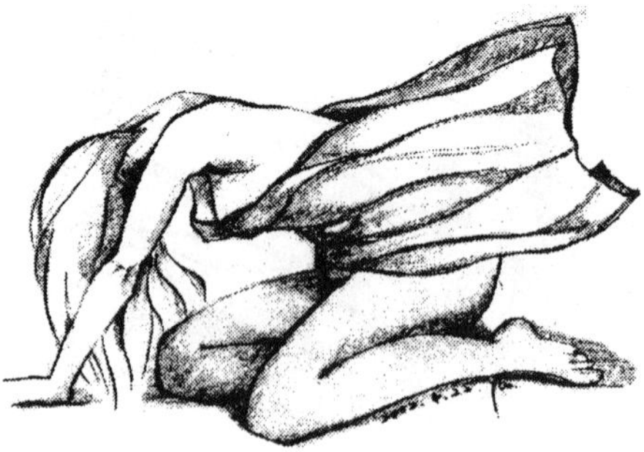

在雨中

吻別你　在傘下的霏雨中
顫抖的唇微聲盼望　一個擁抱
吻別你　在傘下的寒雨中
緊握的手微聲盼望　一個擁抱

佇立在雨夜的別離中　風是冷的
看著你的背影被黑吞沒　路是冰的
你走了一步又回頭　淚是熱的

【附】告別他，在午夜的微雨中，不捨的心滴著冰冷的淚。

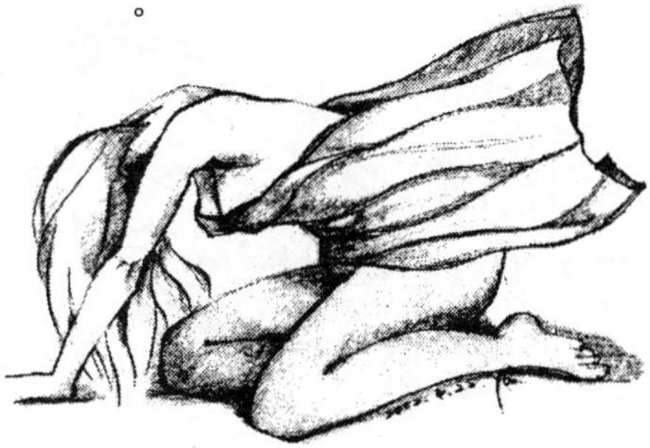

東源沼澤小憩

山神遺忘的沼澤中
記憶的微光輕喘
風的長篙細描天女的柔波
雲的彩筆渲染水仙的舞衣

水牛的背只為白鷺等待
小徑的蘆葦只向懂詩的人招手
嘿　過客　請不必
在嬌夏的矮樹叢裡尋找忍冬的俠客
喂　雲層　請不要
在清澈的天鏡裡梳妝雨前的容顏

捉不到魚的鳥　都到電線上罰站
吞不下鳥的魚　都到潭底去反省

回程　轉了個彎

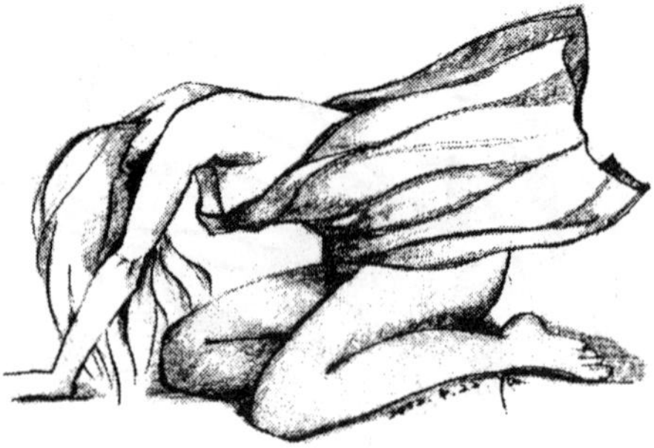

旅人帶走了風
忘了水牛和白鷺的故事
忘了樹精和水仙的情唱
獨留一潭青碧

【附】與他春遊旭海的途中，突見一池碧波輕盪在矮樹叢中，兩隻水牛、幾隻白鷺、一排雀鳥，東源沼澤讓我深深著迷。

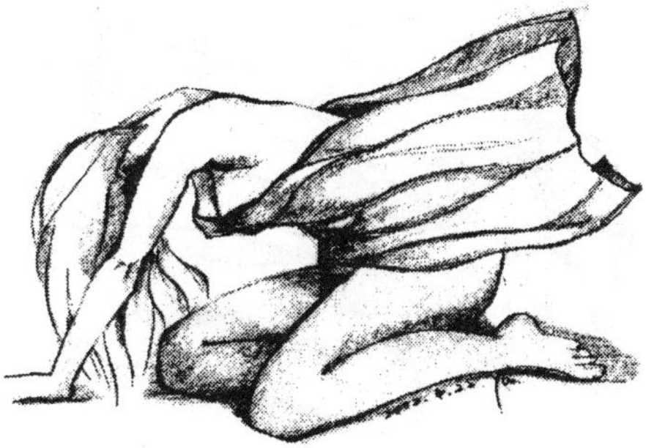

再過沼澤

趁著星夜的微光　趕路
微風翻起舊夢　重溫
噓　放慢車速　關起音響
鳥兒繼續睡覺　魚兒繼續睡覺
噓　切入近光燈　不要再說話
白鷺鷥繼續睡覺　牛兒繼續睡覺
讓沼澤靜覓夢鄉　我們把風帶走

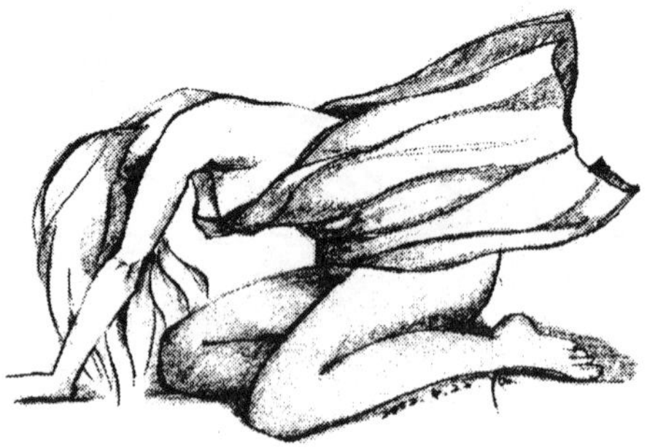

我們去天池遛詩

孵了一夜的夢
等到幾隻畫眉唱出陽光
簷上的新露剛剛滑落一串鈴聲
捨不得的睡意都留給床上
走　詩在外面等我們

誰說起的故事就要開始
白雲摟住山的腰
還在迷戀昨夜曾經漂白的夢絮
霧從天使的腳下走來
輕敲著一個亙古的藍色傳說
路　蜿蜒不到盡頭
頻頻回望兩排吹不動風的樹

向陽的野鴿低鳴過一季寒冬的深情
蘊積了千年的地平線上掏空的急流

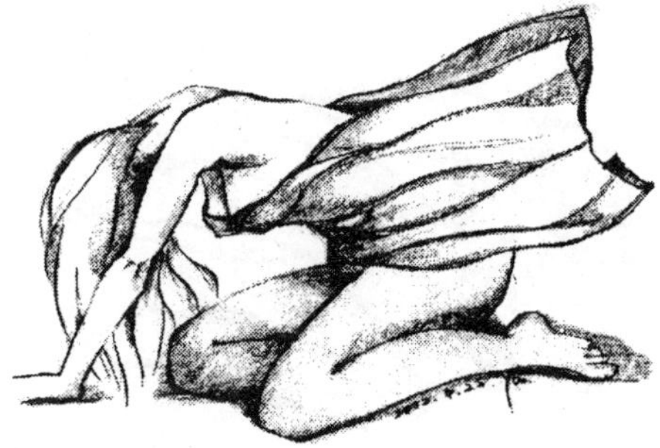

奔湧上啞口　擁抱一座蒼岩斑駁的等待
關起車窗　寫下最後的記憶
我們去天池遛詩

【附】從摩天農場，經向陽到天池，一路行來，寫了十幾公里終於成詩。

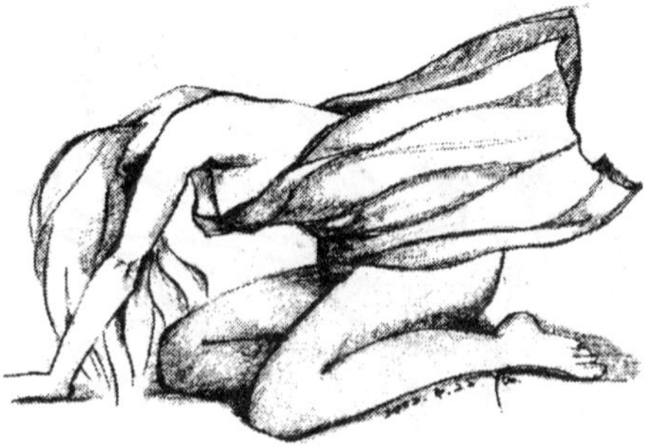

天池看雲

仙女暗卸絹白的薄紗　羅列天際
一潭青碧洗淨思凡的惆悵　弄波嬉笑
奶凝的肌膚映白了雪峰的山巔
被霜雪溫存過的容顏微露紅暈
醉心得連枯木都捨不得頹敗
路面的驚嘆號全都給了虯結的峭壁
山神請不要笑我們的噗噗車
我們來為你寫一首詩
樹把山脊修葺成一道一道流線
光把河谷蝕刻成深沉耽思的銅雕
惦念著山櫻的松針放聲咆哮
袖手一揮滾落一地碎綠的相思
煙嵐趕搭雲霧的最後一班列車
風請不要趕走錯落凡間的精靈
我們還在補做童年的夢
雙腳踩踏關山的古道

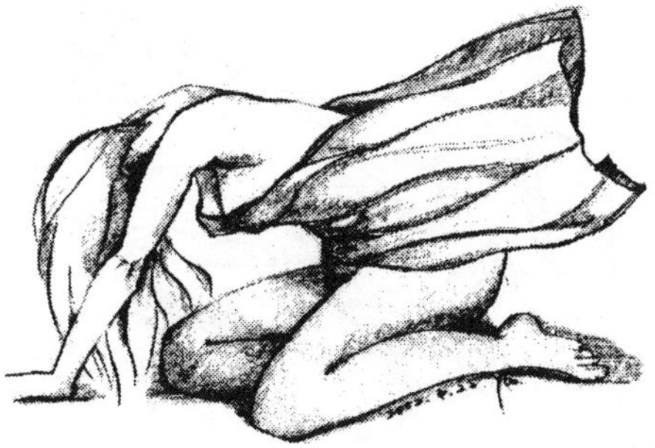

兩顆心深印著天池的白雲

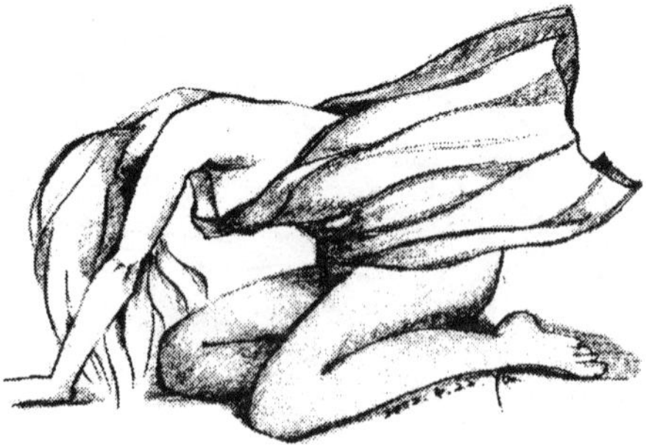

夢工場

上緊發條的橘子在鋼琴上跳動
抱緊我　以兩小節的喘息
一壺薰衣草喝盡　聞見你的清香

兩瓶啤酒熱著　在大鐵鍋裡
饑餓的貓眼閃著昨夜的魚香
兩朵睡蓮躺著　在大水缸裡
祈求的老鼠亮著昨夜的乳味

仰著頭看雲在藍天裡跳舞
露出兩條蘿蔔的腿　晃著
弓著身看浪在光海裡裸泳
露出兩顆蘋果的胸　抱著

夢的國度有我們等待的救贖
啄木鳥敲破黑的天鼓

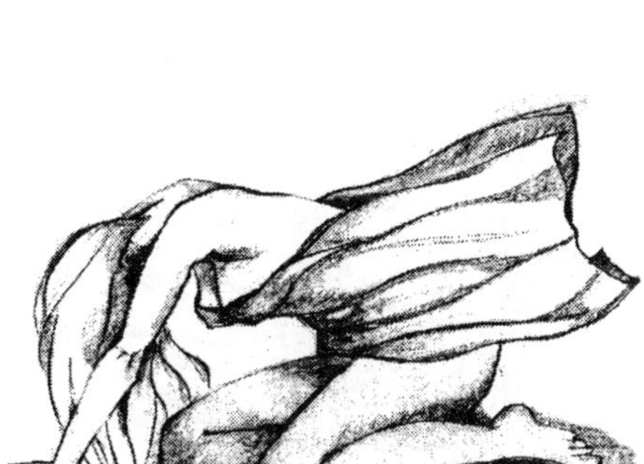

跳出一顆顆明亮的星眼
雨燕剪下一塊黑的布衣
拯救一粒火紅的太陽
風吹散髮織成春天
海捲起荷葉包裹一季炎夏
鬆開發條　又是一年

【附】昨夜的夢境，讓我想起那天向我求救，被捕獸器夾傷腳的野貓，以及去年走進廚房，瞪大雙眼找我要起司吃的老鼠。

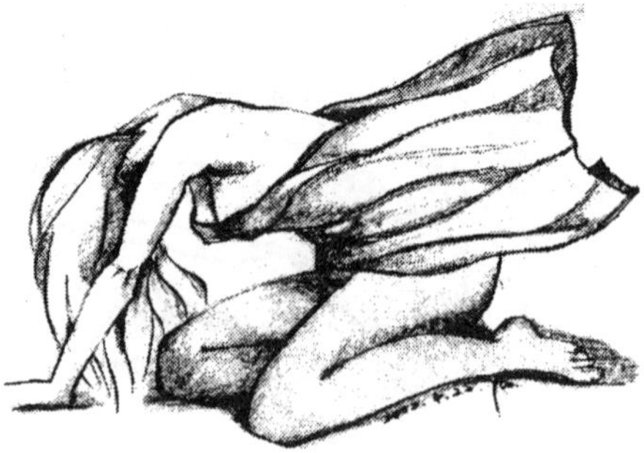

卷三 東海岸的星星不肯睡

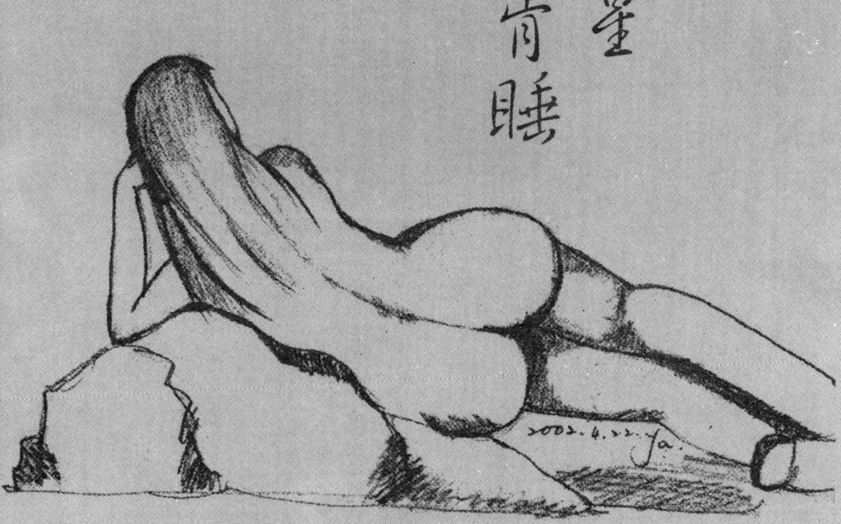

東海岸的星星不肯睡

七星潭的石子擠上沙灘看星海
拙而奇的老闆吹熄了所有的路燈
石梯坪的單面山上漁人收起了釣竿
秀姑巒溪的長虹跨不上天際摘星
八仙飛出洞口趕搭最後一艘賞鯨船
樟原的教堂傳唱出沙漠的風情
成功的漁船停進了花蓮港
三仙撩起衣袖下海去撈魚
杉原的浪花爭湧上了牛山
左巴的咖啡香飄進了黃金海岸
溫泉鄉的吉他彈奏出愛的曲調
綠島還在眺望美人山的丰采
蘭嶼的飛魚一躍就飛上了金針山
我們高舉金樽邀來明月共飲星釀的醇酒
夏季的夜空有你相伴連星星也不肯入睡

【附】星星是東海岸夜裡的眼睛，只要看她一眼，任誰都捨不得入睡呢！

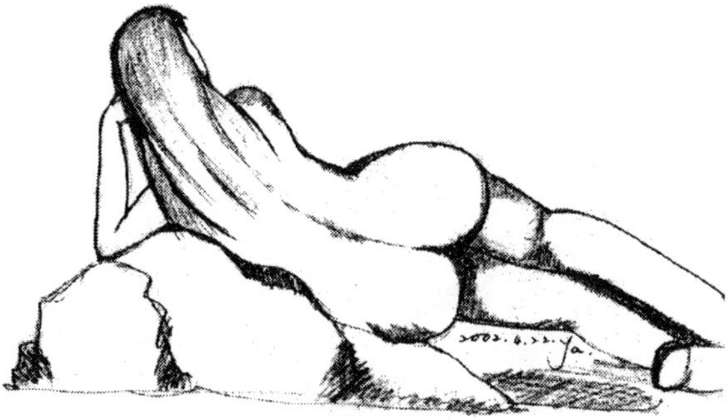

金樽待月

等待妳　用一顆木製的心
　癡癡守候一夜墨漬的天
等待妳　用一艘木製的船
　划向夜河尋找妳的溫柔
邀請妳　用一只木製的杯
　唇邊沾著妳醉人的香
邀請妳　用一把木製的琴
　傳唱海的餘韻山的低語
無風的夜斜坐岸上
等待妳水蛇的腰躍入海面
無星的夜斜臥岸邊
等待妳就只是為了等待

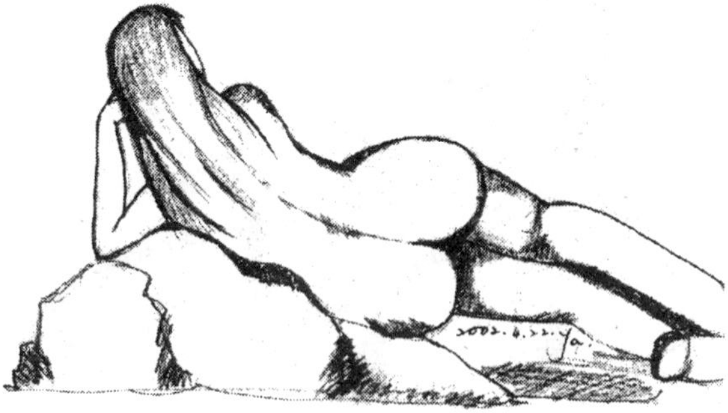

【附】驅車數趟，期待高舉金樽，邀明月小酌，至今還在等待雲開！

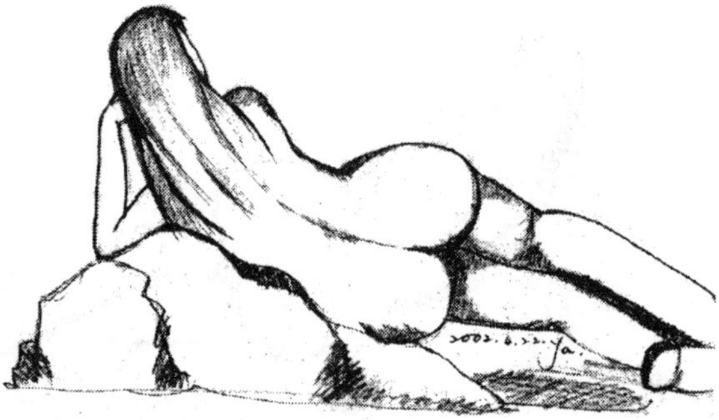

重逢

你迎著風鈴輕響的笑靨
撒進一屋溫暖的昏黃
我抬起憂然失落的雙眼
期盼一聲悸動的回應
我們跨越時空的長河
等待重逢
群星串起你凝視的輕響
新月推開我閉塞的心扉
風　訴說著古老的神話
海　傳唱著亙古的歌謠
我們橫貫宇宙的山脊
等待重逢
春陽撒落你嘴角的輕笑
百花綻放我初醒的心窗
重逢
在我們初次相遇的那天

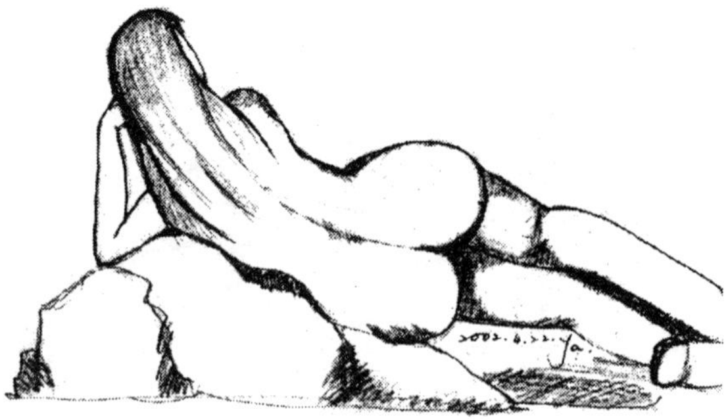

你就是我的詩

靠在你的臂彎　輕輕的我睡著了
你從黑暗的夢中走來
一條光亮的路延伸到夢的盡頭
醒來　我親吻你嘴角上的笑
歸巢的鳥重新飛向藍天的碧波
握著你的手躺在晨曦的微光裡
輕輕的喘息
風正在遠颺
煙嵐還沒梳洗完群山的翠綠
我聞到你昨夜纏綿的餘香
抱緊我　不要起床　你就是我的詩

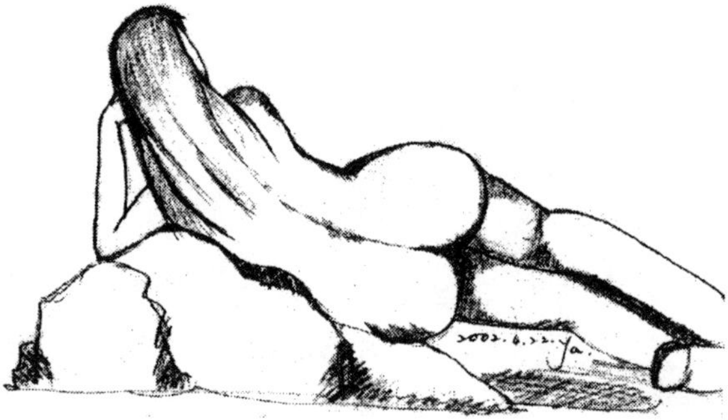

月荷

妳是夜河裡初醒的月荷
我移不開看你的眼
妳輕拋一抹水袖的煙白
半遮妳羞卻的嫣紅

妳是夜河裡初醒的月荷
我放不開擁抱妳的手
妳輕執一株墨葉的細梗
半遮妳溫熱的胴體

天狗囫吞不下妳的昏黃
村犬威嚇不了我的等待
一闕月琴小調滑落海面
我等不及七夕的鵲橋
急速划向妳嫵媚的荷心

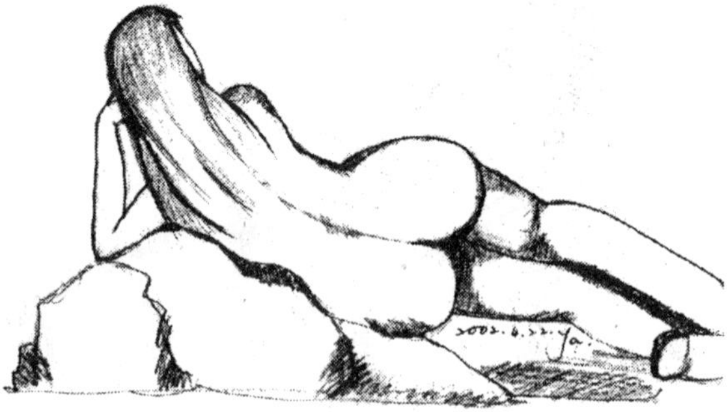

妳是夜河裡含笑的月荷
我關不住聽你的耳
妳輕哼一曲南國戀情
微張妳半開的香唇

妳是夜河裡含笑的月荷
我止不住愛妳的心
妳輕搖一段銀波的舞
微張妳半瞇的醉眼

我喚狂風掀開妳緊裹的絹衣
裸看妳迷人的荷瓣
我喚流星劃開妳緊扣的左襟
暢飲妳醉人的紅酒

妳是夜河裡熟睡的月荷
我點不著燈籠裡的火
妳輕喚一聲我的名
我偷渡也要上岸

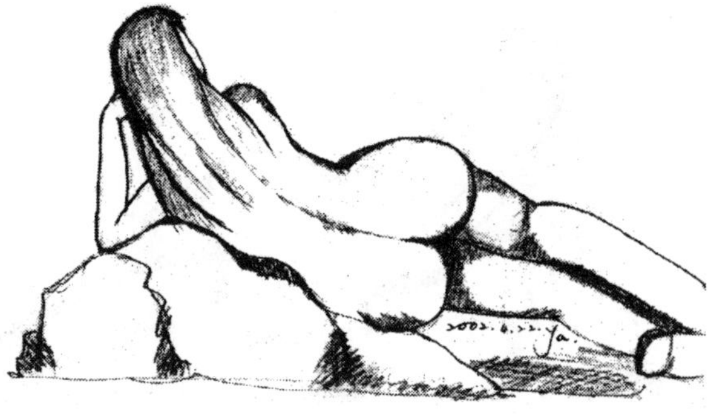

【附】那一夜，從花蓮開車回台東，一輪明月掛在海上，朦朧中像一朵淡黃的月荷在銀波中輕搖。

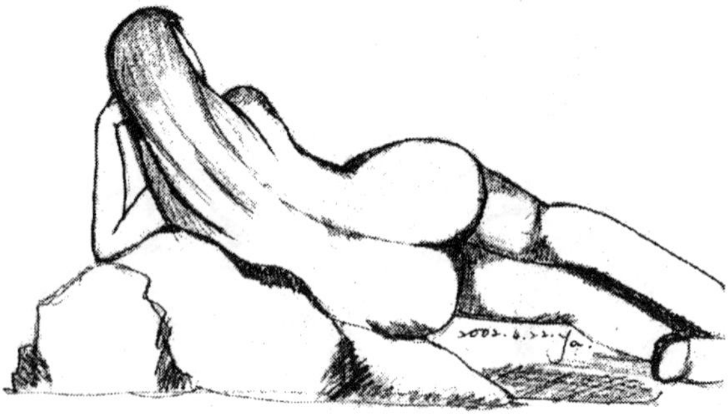

走入一道陽光裡

清晨　灰色的路有陽光的笑
　　　梵谷的田飛出一群痲雀

清晨　灰色的路有白雲的笑
　　　牽手的佛高舉綠袖的臂

清晨　紫色的山有陽光的笑
　　　莫內的蓮跳出一隻青蛙

清晨　走入一道陽光裡
　　　香草的天空有蝴蝶在飛
　　　小葉欖仁綠出一道陽光的笑

【附】車行至鹿野，一道陽光切開雲層直射山壁，台九線兩旁的小葉欖仁高舉千手迎向陽光，好像在列隊歡迎來往的遊客。

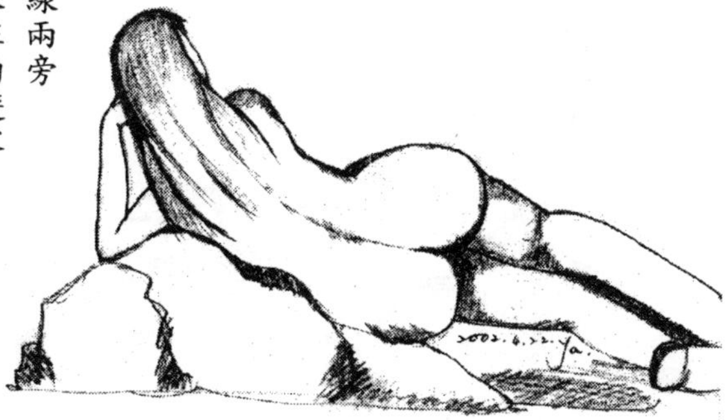

夜半我醒來

夜半我醒來　聞著你的味道
聽見你的呼吸　看見你夢裡的笑
我用新月的微光　描繪你暗夜的輪廓
從額頭　鼻樑到熾熱的唇
我用星子的銀簪　鏤刻你暗夜的身影
從腳踝　臂膀到脈動的心

夜半我醒來　感覺你的存在
聽見你的低語　看見你心裡的愛
我用銅鈴的微風　傾聽你暗夜的呢喃
從山谷　曠野到荒漠的沙
我用珍珠的細雨　梳洗你暗夜的身軀
從高山　平原到奔流的河
夜半我醒來　凝望著你
許久　不忍再睡

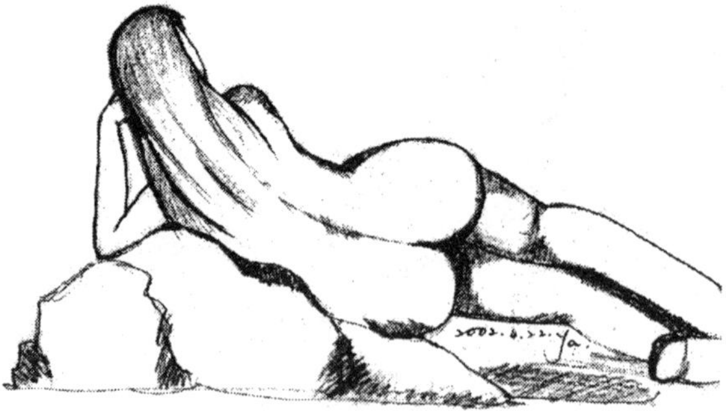

給一個擁抱

抱我　以茉莉編織的花環
聞見　你呼出的清香
抱我　以群星流串的銀河
看見　你溢出的濃情
抱我　以太陽投射的光芒
聽見　你急促的心跳
越來越快　越來越快

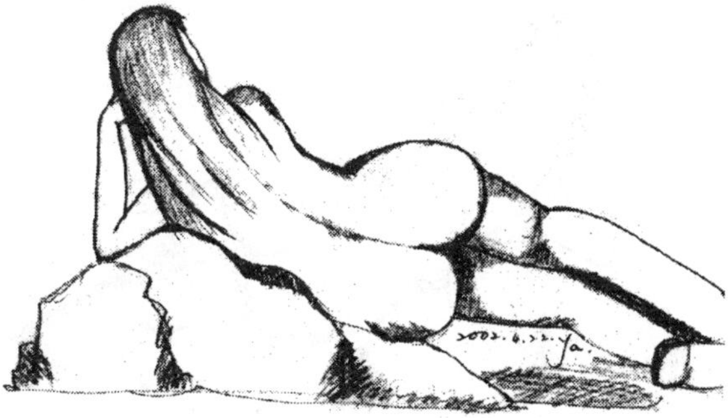

又是一天

星　隱藏狐媚的輕笑
月　披掛蟬羽的薄紗
風　刮破樹皮的貓爪
水　強忍離流的痛楚

一聲笑從嘴角淡出
旅人看見遠處的微光

驛站近了
三兩白乾　幾碟小菜
泡個熱腳　又是一天

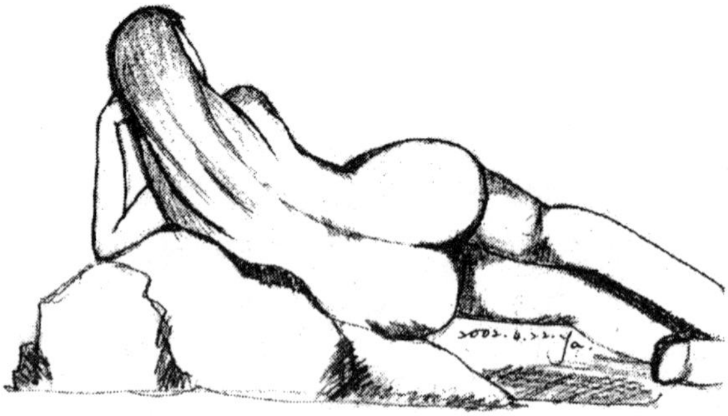

煩

夜　串起思念的漫長
詩　懸釣牽掛的細竿
我　坐在牆角不敢有淚

心　止不住痛的漣漪
雲　吸乾欲灑的淚滴
我站在風中不能擁抱

麻雀吐出一串吵雜
紅嘴黑鶇喵叫得哀鳴
風　請不要拉扯我的髮
光　快浴淨這一身的煩

梵谷的星星掉近了高腳杯
冰鎮一季永恆的粲笑
孟克的吶喊越過了長虹橋

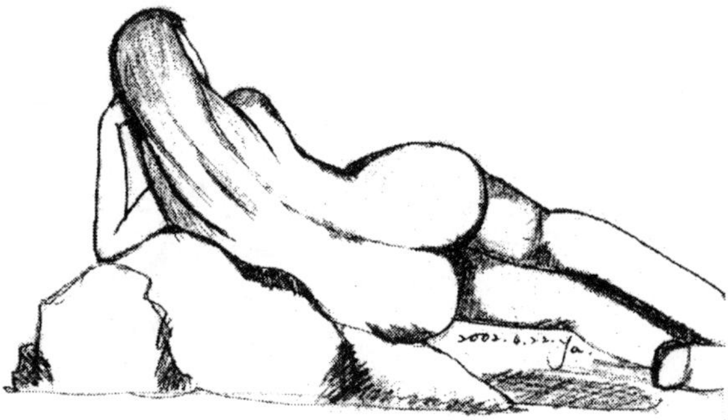

碎裂一顆鐵鑄的心

我裸沐一世的深情
在秀姑巒的流溪裡
凝望著出海的西普蘭

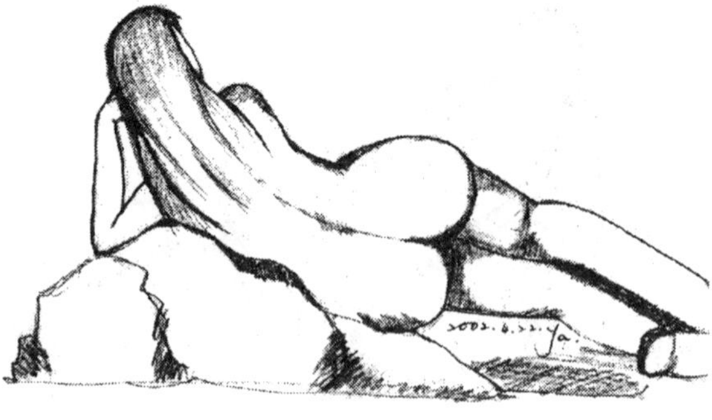

尋找那顆痣

晨起的河　耽溺著記憶的金光
浣紗的妳　掉落左襟暗藏的那顆痣

墨鏽的銅鏡　在暗櫃裡發著微光
呼喚妳　以千吻的等待

嗚咽的月亮　在灰濛中發著微光
找尋妳　以千帆的淚痕

失落的夢　在黑暗中發著微光
等待妳　以累世的輪迴

今夜我提燈而來　穿過肌里的血脈
越過沸騰的溝壑
拜訪神秘的黑洞
濕綠的崖壁上　百合輕笑

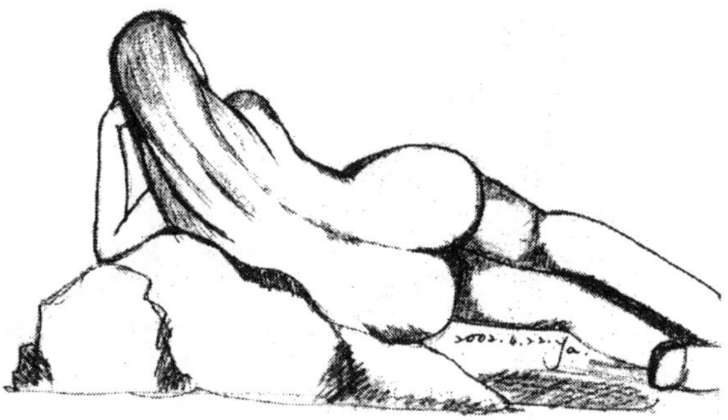

糾纏的軌道上　礦苗著火
沒有夢的夜　我潛入暗流
尋找妳前世遺落的那顆痣

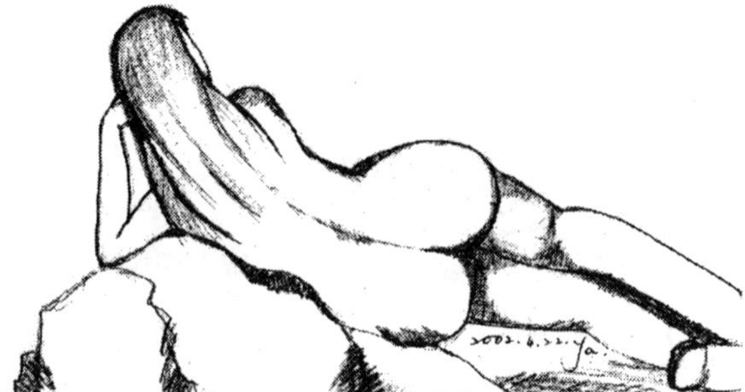

該睡了

你睡了嗎　凌晨一點二十五分我還在寫詩
捨不得泉湧的思潮　再謄一首

你睡了嗎　凌晨一點四十五分我還在寫詩
捨不得嘴角的笑靨　再想一次

該睡了　明天還要上班
等一下　撥通電話　道聲晚安
我習慣靠著床頭跟你說完話直接入睡

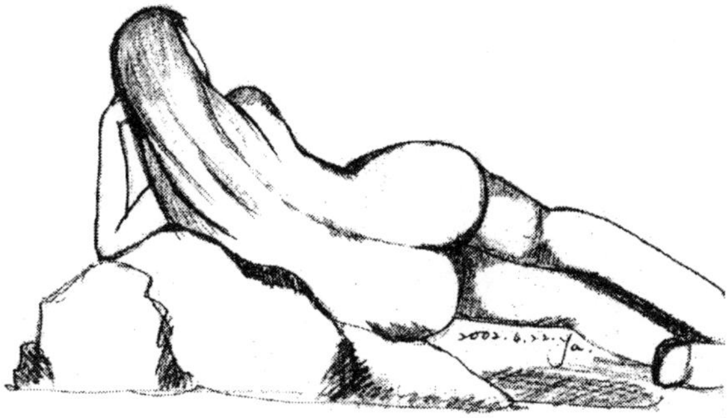

卷四 戀棧一顆紫色的心

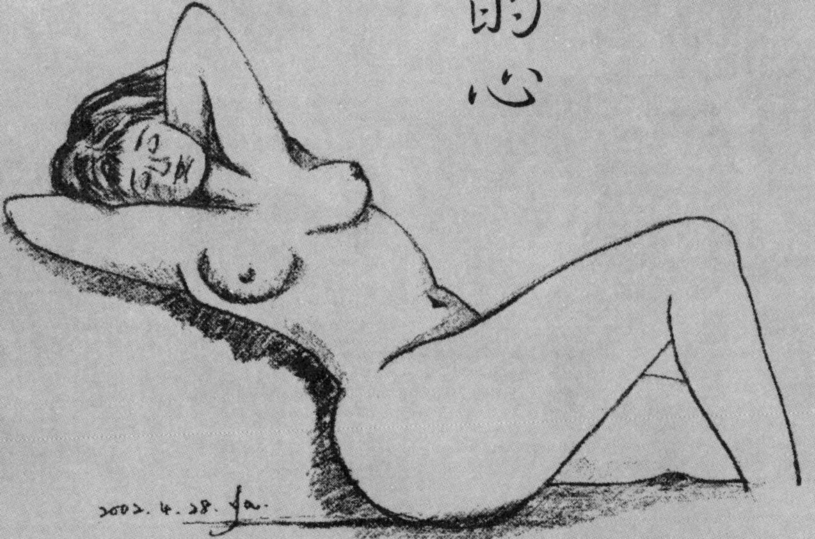

戀棧一顆紫色的心

去年秋風狂起時　我沒走
在枝殘梗折　綠衣退盡後
我緊抱住你的頭　戀棧幾絡頹亂的髮
淚　沒有掉落

去年南風微吹時　我沒走
在香氣漸淡　紫衣退盡後
我緊摟住你的腰　戀棧一身斑剝的紋
情　沒有飄逝

去年北風呼嘯時　我沒走
在寒雨中顫抖　在冷冽中吶喊
我緊抓住你的手　戀棧一顆枯寂的心
愛　沒有乾涸

今年春雷輕響時　我仍不走

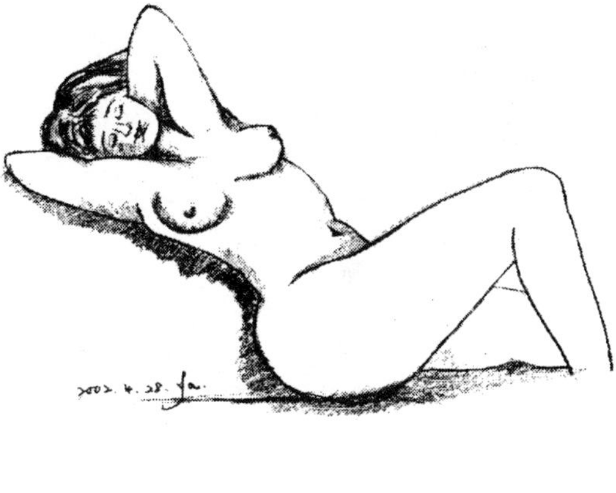

在霪雨中佇立　在水煙中凝望
我戀棧你　以一顆紫色的心　在風中獨白
我戀棧你　用盡一生的等待　迎接初醒的春陽

【附】在永隆短暫的相遇，素敏不捨我的離去，每日去校園採春天初開的苦楝花放在我桌上，日後每見苦楝就會想到她。

貼緊妳的心

輕輕的　我的耳貼近妳酥軟的胸
愛的心鼓　撼動我沉睡千年的靈魂
於是　呼吸著妳起伏的頻率

熱熱的　我的唇貼緊妳高腳的杯
愛的心鼓　敲醒我宿醉餘酣的飢渴
於是　喝著妳微醺的喘息

冷冷的　我的鼻划向妳蜜奶的河
愛的心鼓　震開我塵封百年的心盒
於是　聞著妳酒釀的香濃入睡

顫動的　我的手採擷妳秋熟的甜果
滿滿的　裝了一籮筐的愛是妳的心
緊貼妳的心　我聽見愛的元音　來自亙古

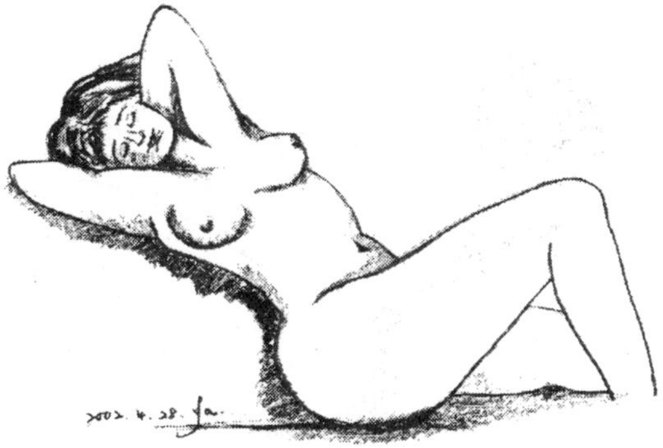

在你懷裡寫詩

清晨　鳥兒在催促　沙灘在呼喚
我賴在你懷裡寫詩
心跳是詩的節奏
暗撫是詩的行板
呼吸的反覆記號　重奏
昨夜未完的樂章

你輕掀光的簾幕
今晨微雨　慢點出門
高腳杯溢出的香醇
流淌過即將密探玫瑰的雙眸
紅唇汩出的濃烈
狂吻出一季燦爛的樂章
銷熔我昨日強忍的思念
你用夜鶯呼喚的餘聲叫太陽起床

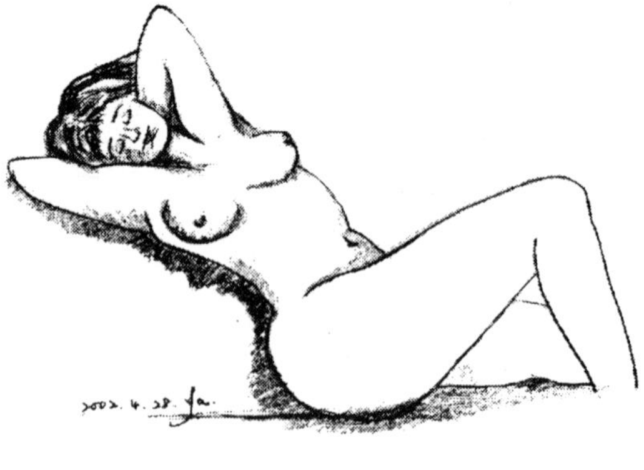

我們到沙灘尋找昨夜星星遺落的詩句
詩在你的嘴裡沉醉
詩在我的胸口燃燒
詩串起一段愛的記憶
世世流傳

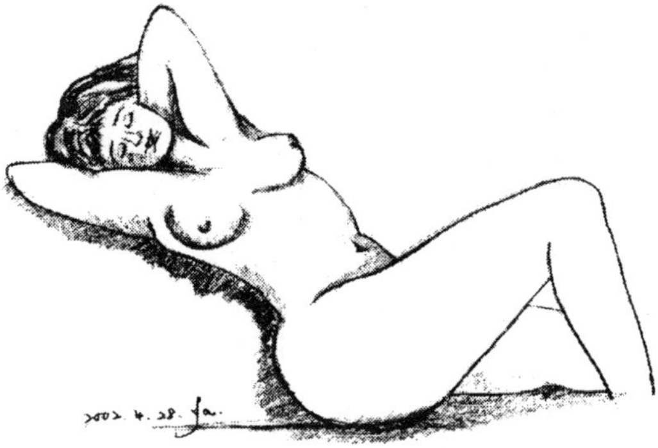

我用你的愛寫詩

我用彩筆將你畫進我的生命裡
狂熱的迷戀著勾勒你的裸線

我用炭筆將你畫進我的生命裡
深情地愛慕著你炙熱的心

我用生命留住你每一個曾經
曾經是一場夢的延續
曾經是一株崖上的野百合
曾經是一對雙飛的比翼
曾經想留住你的春天
在生命最美的那一刻

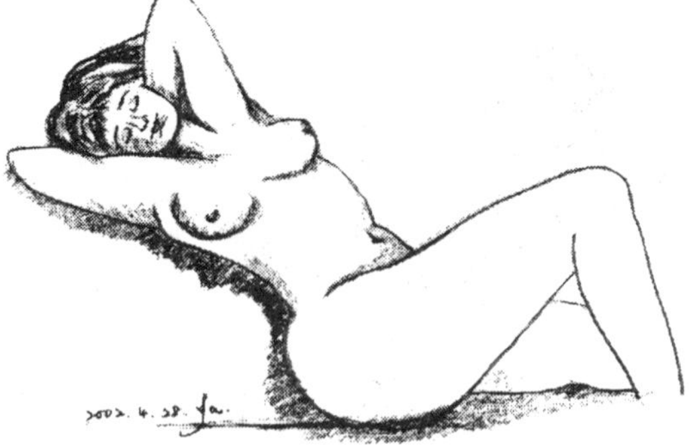

看你一眼

讓我捧著你的雙頰　看你一眼
還你昨日我的匆忙
讓我握緊你的雙手　看你一眼
還你昨日我的緊張
讓我按住你的脈　看你一眼
還你昨日我的心跳
讓我摸著你的髮　看你一眼
還你昨日我的思念
看你一眼　我在你的眼裡

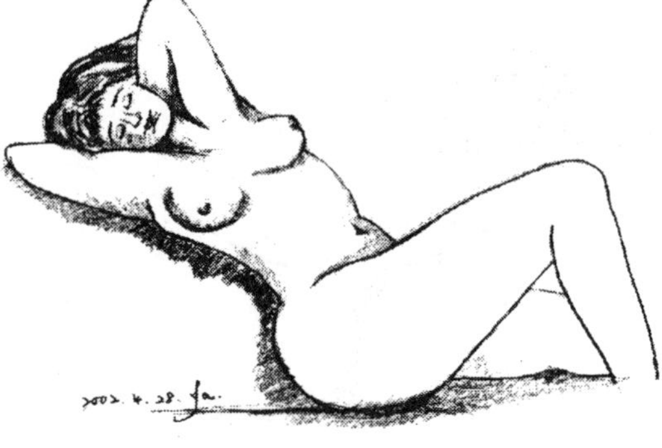

說愛

在愛中　完美和醜陋並存
　矛盾和衝突並列
在愛中　優和缺與共
　苦和樂共生
忌妒是愛的毒酒　佔有是愛的枷鎖
糾纏是愛的荊棘　飢渴是愛的篝火
恨是愛的盡頭　遺忘是愛的延續

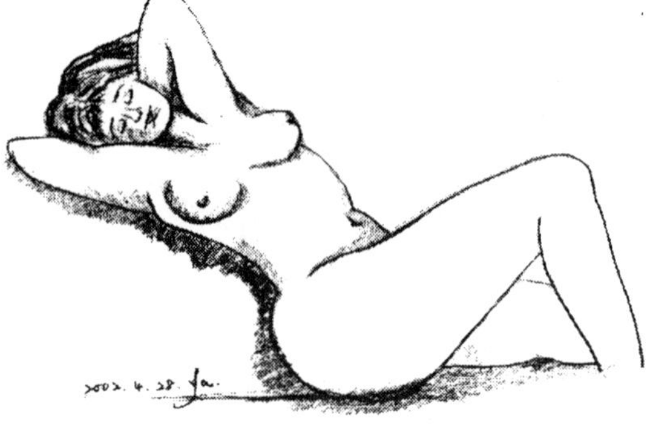

攝住我心

你的眼是風補綴的網
我翱翔在你的柔情裡
日復一日

你的眼是星子羅織的河
我裸泳在你的深情裡
夜復一夜

你的眼是穗黃瀰漫的香
我漫步在你的心田裡
日復一日

你的眼是暗夜微露的光
我沉醉在你的呢喃裡
夜復一夜

攝住我心的你的眼
喚起我前世記憶的河
攝住我心的你的眼
挑弄我今生羞怯的情

你在

緩緩而行　一步一印都是你
緩緩而行　一顰一笑都是你
喝口咖啡　杯緣殘存著香濃的奶味　你在奶香裡
啜點烈酒　嘴裡燃燒著炙熱的火焰　你在熱焰裡

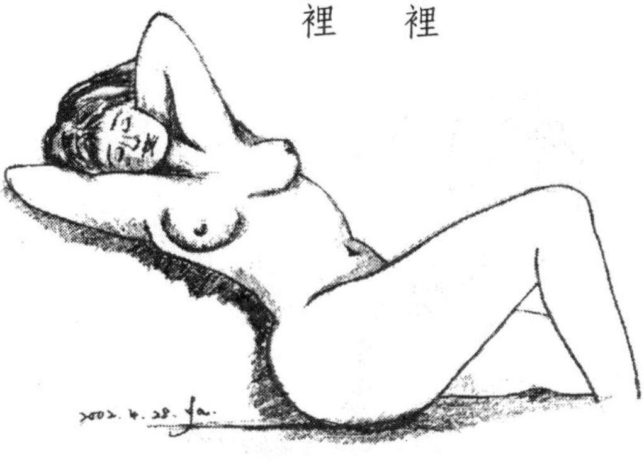

暫別

不忍鬆開　是緊握的手
不忍滑落　是指尖的淚
每一次相聚都是恩賜
每一次暫別都是重逢
還沒有別離已經思念
還沒有聚首已經擁抱

不忍鬆開是濃烈的情
不忍滑落是堅忍的愛
每一次凝望都是曾經
每一次暫別都是未來

暫別　為了思念　為了情濃
暫別　讓愛停格在心間

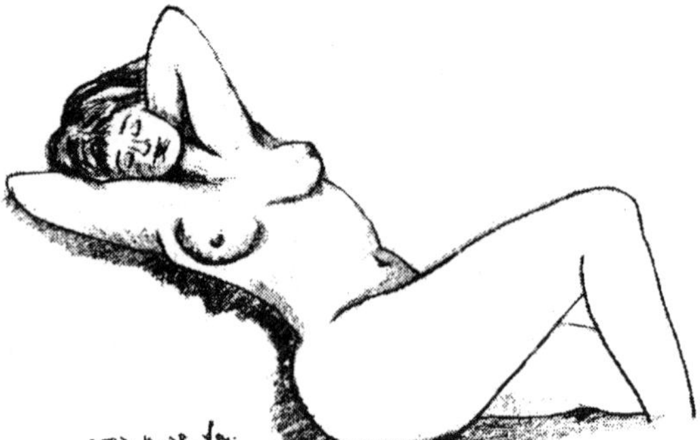

不再孤獨

孤獨已振翅而飛
沉醉在你溫柔臂彎裡的我的心
緩緩地　緩緩地
傳唱著喜悅的歌
憂傷已隨波而去
飄蕩在你心河深處的我的靈
款款地　款款地
訴說著亙古的情

尋你

為了尋你　我攀越萬仞深淵
上帝不幫我
為了尋你　我搗毀蛇蠍的老巢
魔鬼不理我
為了尋你　我在累世的輪迴裡轉了又轉
為了尋你　我在記憶的深河裡去了又來
啊　浪人　縱然幻影瞬間即逝
我也要再見你一眼

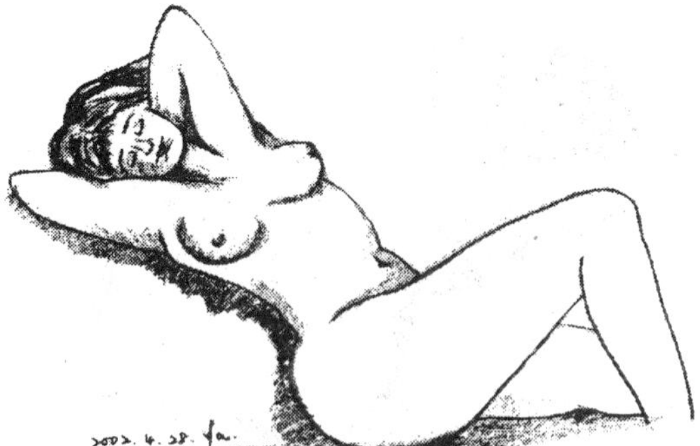

請慢點

太陽　請慢點下山
我還沒畫好想念的心
用紅色　用黃色　乾脆留白

風　請慢點吹
我還沒寫好思念的情
用詩詞　用散文　乾脆不寫

星子　請慢點笑
你那閃爍的光芒
還不及他眼裡的深情

夜　請慢點走
我還沒開始想他呢

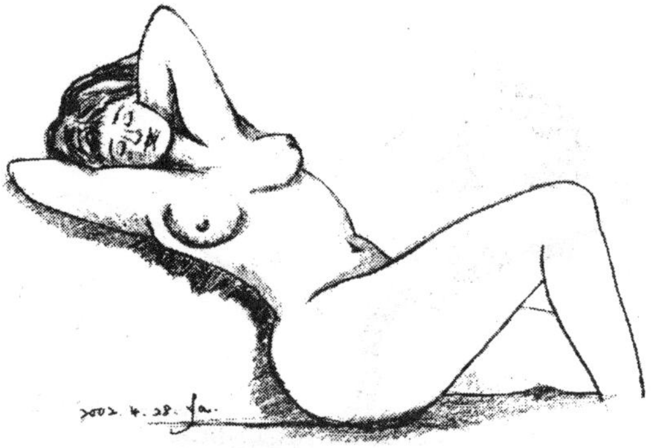

冰酒

啜一口冰酒
緘封你熾熱的唇
啜一口冰酒
澆灌你火熱的心

你的呼吸是葡萄釀製的香
你的血液是急促流竄的箭

啜一口冰酒
緘封不住你的吻
啜一口冰酒
澆灌不了你的渴
我將一季赤裸的夏獻給你
從清晨到黑夜
我將一季濃密的秋獻給你
從山林到海洋

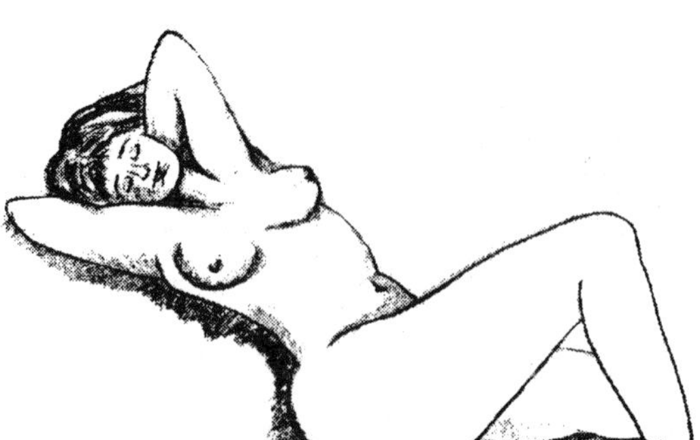

直到你熱如潮湧
直到你情如烈焰
最後我安睡在你的頻率裡
聽見你的心跳

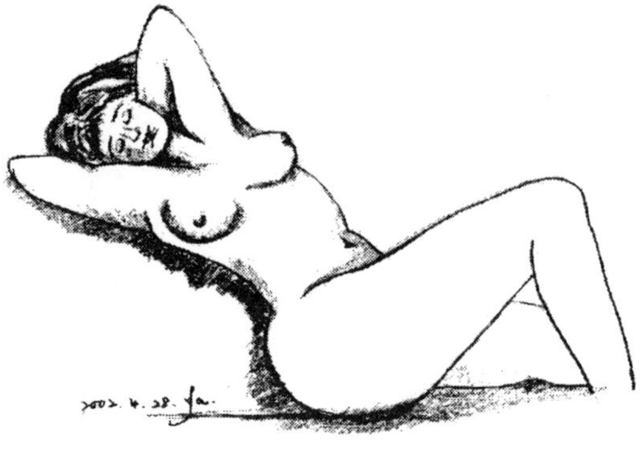

卷五　徵雕一份真情

微雕一份真情

你是一只溫潤的陶杯
我用軟泥打造你的厚實
再用纖指微雕你的身軀

高溫　釉燒出你獨特的彤彩
烈火　精煉出你傲骨的風霜
時間　耐不住出爐的悲喜
用心　捏塑一份真愛後　特別珍惜

你是一只溫潤的陶杯
我用藍色的海為你梳洗
再用紫色的綢為你包裹
放進幾朵燻乾的玫瑰
倒進一股熱湧的泉水
雙手緊抱
親啜一口　杯緣有你的鹹味

再聞一回　鼻尖有你的體香

用愛　細雕一份真情後　特別寶貝

一杯熱咖啡

在杯子的咖啡香裡
等待你的思念更濃
微光漩進冰裸的高腳杯
漫射進玻璃櫃裡裸睡的豆粒
棕色的　一顆顆不會被磨碎的心
撫慰著曾經心碎的人

在杯子的奶油香裡
等待你的思念更濃
風鈴帶進陌生的客人
一個個　不是你
斜倚牆角　期待一次攝人的眼
悸動心坎
斜倚牆角　等待一雙緊握的手
撼動心靈

風鈴又再度響起　不必抬頭
這熟悉的腳步聲　我記得
走著急　先歇會兒
我們慢慢兒的聊

愛的情絃

指尖輕輕輪撥你的手
愛的琶音在你的心階迴旋
你說
這感覺比酒還醉人

指尖輕輕滑過我的背
蜜的小調在我的心絃吟唱
我說
這感覺比花還誘人

指尖輕輕輪撥我倆的心
風推開宇宙的簾幕
雷急書情的誓約
雨急撥愛的琴絃
我們的戀愛談出詩來
天神等不急虹的到來

連灑幾道光的祝詞
替我們的情譜新曲
為我們的愛作見證

擦肩而過

擁擠的車陣　黑色的路
下午六點零五分　與你擦肩而過
灰色的你　有想念我的笑
輕按一下喇叭　耳廓癢起你思念的情
午后慵懶的樹影是你削瘦的臉龐
陽光拉長時間的緯度
你的背影　有我失落的眼

緩行的腳步　白色的牆
下午六點零五分　與你錯身而過
灰色的你　有思念我的苦
黃昏閒散的彤雲是你迷人的笑
陽光撒落時間的碎片
你的背影　有我跳動的心

擦肩而過　時間停格在

下午六點零五分的想念裡

定情夜

情人　請不要依依不捨
這一切才剛開始
跨不出別離的腳步
往後怎麼走
一夜的依偎
勝過一世的牽手
一夜的長談
勝過一世的不語
那夜　上帝讓我來許你真愛
來時匆忙
忘了問　情緣多長
沒關係
在你尚未情倦時
我是不會走的

激情夜

初迎你的夜　我忘了提燈
時間停格在午夜零點
蟲兒禁聲　風也停了　連咖啡店的老闆都不見了
給一個擁抱　彌補前世未了的缺憾　你說
獨留單人床上月娘斜睨的妒火
初迎你的夜　我忘了燃燭
街車瘖啞　路燈也熄了
連旅店的老闆都熟睡了
許一份真愛　延續夢裡未圓的情愫　我說
獨留單人床上覓燈雀躍的星火
初迎你的夜　我忘了一切
時間停格在午夜零點
你密探玫瑰的嬌羞
我醉吻蜜桃的香濃
初迎你的夜
羞澀的蓮不忍睡去

微亮的星不願閉眼
月娘累了　霓燈倦了
只有牆上的畫還在傾聽愛的蜜語

沒有月　沒有星子　只有花蓮港邊大船的燈火通明
我們輕倚在廊上的微光下
瞭望花蓮港未眠的燈閃爍不停
沒有風　沒有旅人　只有港邊旅店的燈火微亮
我們輕倚在廊上的微光下
遙聽大船未歇的聲　迴響不斷
卸下厚袍　退去長衫　你輕邀我共浴
緩解衣襟　輕抹乳香　你羞看我的體
水滑過你堅厚的臂彎
漩進我欲滴的雙唇
情劃過你低羞的雙眉
湧進我乳後的心房
心在跳　血在燒　啜一口冰酒
澆不熄熾烈的篝火
情在奔　愛在燃　沖一瓢冷水

滅不了灼熱的胴體
我們緊擁在炕上的炙熱裡
聽見心跳　聞見喘息　遠處的浪聲徐退
沒有燈　沒有車聲　只有花蓮港的夜未眠

穿過珠串霓燈的喧囂
越過凝空數朵的霧白
一盞昏黃的燈　一朵微開的蓮
我們夜宿溫泉鄉
環抱溫潤的身軀
貼緊鼓動的心跳
一池清酒的熱　一縷狐煙的白
我們夜浴溫泉鄉
熱竄進你奔流的血脈
霧瀰漫我輕喘的酥胸
一滴汗珠從你酒窩淡出
跌進我微張的紅唇
火燃起你飢渴的慾
泉鬆綁我桎梏的情

一道深吻從你舌尖汩出
探入我濃密的深淵
一陣攝心的笑　一款真切的情
我們夜醉溫泉鄉

澄清湖畔的路燈送走遲歸的夕陽
一彎新月迷戀你醉藍的胴體
我驅車駛過燈樹的叢林
你披上雲的薄紗趕赴西子的盛宴
飲一盃醇酒　溫熱佔據你酥軟的雙乳
點一盞漁火　激情燒進你腰繫的豐臀
輕觸你的背　我已如癡如醉
再吻你的唇　我將魂飛魄散
墨藍的天幕後　初醒的星子偷笑
銀白的海灣裡　入港的船隻竊語
撒一道金光　溫熱銷熔你雪浴的橋
唱一曲黃梅　激情流洩你蜜奶的河
親吻你的胸　我已亂了方向
再探你的巢　我將難逃情網

一場激情落幕　序曲再度響起
啊　我最深的愛　今夜讓我擁你入睡
再看一次眼　再吻一次唇
枕出一抹幸福的紅暈
指尖輕畫雙唇　我嘴角掛著你的笑靨
指尖輕描雙眉　你眼裡含著我的深情
啊　我最深的愛　今夜讓我抱你入懷
雙腿輕夾　雙手微握
醉出一罈濃烈的深情
海睡了　風醉了
只有西子灣的星星不肯睡

月圓的夜　海平靜無波
不忍告別的情　心洶湧如潮
請轉向小徑我們慢點兒回家
讓時間停格在初吻你的夜
今夜的月色恰似溫泉鄉的濃酒
我未飲心已醉　你容我一次求
請開向海邊我們慢點兒回家

輕喘的胸留念港都的吻
酥軟的唇殘存清酒的香
喔　漁人　我已聞見你鼓動的心跳
請停在沙灘上我們慢點兒回家
讓風靜止在花蓮港的海灣裡
今夜的月色恰似你飢渴的眼
退去外套　遮住前窗　月亮你休想偷看
解開衣釦　掩住後門　白雲你別想偷渡
喔　漁人　今夜玫瑰為你盛開
暢飲一杯蜜奶的春酒
狂吻我醉人的雙峰
緊擁一股溫熱的身軀
深探我如火的崖洞
月圓的夜　海平靜無波
浪潮狂翻幾丈高
月圓的夜　海平靜無波
陸地飆起海嘯
月圓的夜　沙灘在瘋狂

手機響起

冰冷的我的雙手
捧著熱陶碗熬的心藥
熾熱的你的雙眼
轉著冷卻凝結的油脂
一股思念的痛
從眼角滑落
掉入你愛的漩渦
手機響起
你已看見我滴下的淚

我醒了
一如往昔　輕喚你的名
不想起床
曚在被窩裡
重溫共浴的熱
想著你的心跳

手機響起
我偷偷想你
又被你知道了

難熬的夜

心急如焚　惦記著我的你
佇立在寒風中
電話一通一通的撥

心痛如絞　想念著你的我
輕倚在牆角邊
等待一回一回的盼

凌晨三點　被夢驚醒
痛苦的箭　無情的逼向心尖
呼吸越來越弱　淚不斷滑落
痛的不是心　是對你的不捨
啊　我的愛　我好怕
好怕　就此與你訣別
啊　我的愛　萬一我走了
你可得好好活著

來世我要再尋你
我會記得你那雙深邃的眼
來世你要再尋我
你會記得我這雙冰冷的手

我來

貫穿時空　踏遍塵埃
我來　尋覓前世的你
野地的雛菊輕笑　回去吧
荷塘的雨滴私語　回去吧
火紅的山巒吶喊　回去吧
冷冽的北風　請不要吹走我的魂
這一季寒冬　如果找不到他
我寧願凍結成松針上的雪花
不再轉世

啊　漁人

來自宇宙亙古的呼喚
拍醒岩層沉睡的靈魂
陽光灑落你璀璨的輕笑
浪花漩入你深邃的雙眸
我不顧一切縱身而下
啊　漁人
網住我那千古糾結的痛
攫走我那赤裸雪白的心

卷六　你是阮暗暝的光

你是阮暗暝的光

寂寞的風　吹來黃梔子花的香
孤單的白鷺鷥舉頭靜靜仔聽
那一暝　你站佇牆仔邊慢慢仔等
　　銀色的路燈有你的癡情
寂寞的雲　送來茉莉花的批
孤單的畫眉仔舉頭金金看
那一暝　你提燈仔火甲阮照路
　　閃爍的燈影有你的笑容

寂寞的記憶　孤單的心
暗暝的光　溫柔的情
你是阮一世人的依靠

有你來甲阮疼惜

那一天咱坐佇岸邊　你問阮愛啥咪
阮無愛水無愛花　只愛你對阮笑咪咪
一陣白鷺鷥抹過天邊

那一天咱坐佇橋頭　你問阮愛啥咪
阮無愛大厝無愛車　只愛你甲阮疼命命
兩隻老鷹飛去山坪

那一天咱坐佇海邊　你問阮愛啥咪
阮無愛名無愛鑽石　只愛你甲阮惜好好
一隻大船開出港口

這世人有你來甲阮疼　阮就真夠額
這世人有你來甲阮惜　阮就真滿足

等待風來的白鷺鷥

三月時的雨綿綿
野薑仔花偎佇溪仔邊等風來
吹送一陣清香給樹仔頂的白鷺鷥
白鷺鷥舉頭向上天　等樹葉仔若輕輕搖
就要來迎風飛
昔時咱相約去玩水
你說阮的頭鬘有野薑仔花的香味

六月時的雨水多
茉莉花坐佇牆仔邊等風來
寄了一張白色的批給石頭頂的白鷺鷥
白鷺鷥舉頭向上天　等雲若慢慢仔移
就要來迎風飛
昔時咱相約去看電影
你說阮的喘氣有茉莉花的香味

八月十五中秋暝
桂花坐佇巷仔口等風來
傳送一首情歌給水池邊的白鷺鷥
白鷺鷥舉頭向上天　等月娘若笑
就要來迎風飛
昔時咱相約去看月娘
你說阮是你前世人的等候
桂花若香你就會找到阮
秋天的風吹來一陣桂花的香味
白鷺鷥慢慢仔飛去月娘的身軀邊

若沒你

若沒你　阮的心袂時常歡喜
若沒你　阮的情袂得通豎起
若沒你　天頂的月娘袂替阮來照路
若沒你　海面的船隻袂為阮來靠岸

想到你細漢的時
阮就滿心佩服你的好膽量
走火車　賣芋葉　睏漁港
上　山　落　海　啥咪攏不驚
你甘要帶阮回去恁的故鄉
坐火車　挽芋葉　看漁港

看到你疼惜阮的時
阮就滿心感謝裡養你的父母
挖礦坑　種蕃薯　飼子兒
你甘要帶阮回去恁的故鄉

逛礦坑　焢蕃薯　想當時

啊　阮心所愛的人
若沒你　阮的窗袂得來開
若沒你　阮的夢袂得來圓

叫你來甲阮疼

在你的目睭內　阮看見
文曲星的微微仔光
阿爸知影阮無依無偎
叫你來甲阮疼

看到你騎腳踏車的形影
呼阮想起細漢的時
阿爸騎腳踏車載阮去入學
日頭笑咪咪　阮嘛笑咪咪

在你的說話中　阮聽到
西南風的微微仔聲
阿公知影阮思念他
叫你來甲阮疼

看到你替阮避風的身軀

呼阮想起做夢的時
阿公坐佇風中帶阮去迌迌
夜星笑咪咪　阮嘛笑咪咪

花蓮港是阮阿爸少年打拼的所在
嘛是你少年歡喜的記憶
咱相偎佇圍牆邊看夜景
大船頂的微微仔光
親像阿爸欣賞你的影
海面上的微微仔風
親像阿公讚美你的聲

阮偎佇你的身軀邊
夜星微微仔笑　海風微微仔吹
阿公　阿爸　叫你來甲阮疼

紅燈仔花腳

透南風的暗暝　天頂的夜星笑做一堆
草埔仔內的火金姑提燈仔火擱找無路
見笑的紅燈仔花笑甲頭犁犁
古錐的查某囝仔坐佇紅燈仔花腳
火金姑闖來闖去替伊做新娘裳

透南風的早起　天頂的雲給他們送做堆
花園仔內的紅田嬰掛目鏡擱找無路
壞勢的紅燈仔花笑甲頭斜斜
煙斗的查埔囝仔坐佇紅燈仔花腳
紅田嬰飛來飛去替伊做西裝

透南風的黃昏　天頂的日頭給他們做媒人
大樹腳的膨鼠夯掃手拼洞房
歡喜的紅燈仔花笑甲嘴仔裂西西
新郎娶新娘躺佇紅燈仔花腳

天頂的月娘叫醒大家
四腳魚仔來打鼓　厝角鳥仔來唱歌
奏出囝仔時的青春夢曲

【附】兒時喜歡睡在扶桑花下編織美夢，夏夜的星空璀璨，草叢裡的螢火蟲閃著金光，蓋著薄被，吹著南風，不知不覺就睡著了。

樹仔的戀情

苦楝仔花若開　紫色的春天就影影飛
白頭殼仔樹仔頂來做巢
蟋蟀仔在樹仔腳佇相咬
苦楝仔花若開　幽幽的香味就隨風吹
查埔囝仔撿子做槍子
查某囝仔摘花做手指

菩提葉仔菩薩心
一節鐘聲目睭金
雨水隨葉滴落根
菩提樹仔佛祖音
一聲佛號悟道深
落入凡間救世人
菩提結仔佛祖心
一陣梵音夢中醒
跳出紅塵論千經

廟埕口的老榕仔靜靜站佇那幾十年
透大風落大雨伊攏不驚慌
厝角鳥仔來偷吃果子擱佇樹仔腳放槍子
伊攏袂生氣
廟埕口的老榕仔靜靜坐佇那成百年
阿公畚鼓吹阿嬤唱歌仔戲伊攏袂嫌吵
細漢囝仔拉伊的鬍鬚擱佇樹仔腳盪鞦韆
伊攏袂要緊
甘有人親像伊這麼的好性地
阮想要認伊來做老父

一叢樹仔乾枯枯
無皮無葉只存骨
站佇山頭真孤單
烏鴉飛來哭啾啾
思念這段風雨情
是長是短阮攏袂計較

一叢樹仔白蒼蒼
無花無子只存心
偎佇山邊真寂寞
老鷹飛來訴悲哀
珍惜這段牽手路
是風是雨阮攏袂驚慌

糖廠的戀歌

甘蔗一綑一綑綁住一段青春的戀夢
火車一節一節駛出一條愛情的鐵路
紅糖一袋一袋香出一叢甜蜜的花蕾
少年的阮有漂泊的心
十四歲燒火炭駛火車
偷抽甘蔗的查某囝仔
走甲一個面仔紅吱吱
白色的戀情　黑色的火車頭
嘟嘟一聲唱出橋仔頭的初戀

白色的甘蔗一排仔一排站佇路邊等待妳
黑色的火車一台仔一台開過心肝的窗仔口
紅色的糖香一陣仔一陣透入伊的門簾仔內
成年的阮有意愛的情
二十歲顧蔗園捉賊仔
偷採甘蔗的水姑娘仔

驚甲一個面仔青筍筍
白色的戀情　黑色的火車頭
嘟嘟一聲彈出糖廠的情歌

白色的時間親像火車駛過頭
三十歲的阮有寂寞的心
娶沒一個水姑娘仔來做某
若聞到糖廠的製糖香
心內就一吋一吋丟不甘
早知孤單那麼苦
嘛袂放妳來離開阮
白色的戀情　黑色的火車頭
嘟嘟一聲哭出糖廠的戀歌

【附】橋頭是我的故鄉，今年過年帶母親去糖廠玩，古老的火車頭陳列著對父親的記憶，日據時代次殖民的悲歌不禁湧上心頭。

雲的記憶

那一天　天頂的雲飛入阮囝仔時的夢中
阿爸抱阮坐佇大埕的椅寮頂看雲變魔術
阿爸說要帶阮坐最大隻的船去看海尪
每天透早若聽到高雄港的大船陳
阮就趕緊起床等雲變大船
前兩年阿爸靜靜來離開阮
看伊倒佇柴做的船仔裡
黃色的土親像海浪把阿爸吞入腹內
青翠的草埔頂　綠色的禮拜堂
無色的目屎害阮看袂到天頂的大隻船
微微仔風吹來海尪的啼哭聲
阿爸阮在叫你　你甘有聽到

那一天　天頂的雲帶阮回去舊年的夢中
阿母來台東看阮　阮載伊去花蓮𨑨迌
阿母說花蓮的䊵糬甘有親像雲那麼的軟

每日黃昏時若看到天頂的雲一朵一朵仔開
阮就想起阿母好比白雪的頭鬘
過年時阿母流著目屎不甘阮離開
看伊偎佇大門仔邊金金看
紅色的日頭親像無情的火燒甲阮心肝疼
烏肚紅的天　紫色的山頭
無色的目屎害阮看袂到天頂的雲
微微仔風吹來含笑花的香味
阿母阮佇思念你　你甘有看見

那一天　天頂的雲飛入阮昨暝的夢中
你牽阮站佇山坡頂的小路仔邊看雲飛上天
你說神仙躲佇樹林仔裡談戀愛
每次罩濛若看到白鷺鷥飛過山腰的形影
阮就走回去細漢時的記憶
這世人你慢慢仔走入阮的生命中
牽阮的手行未來的路
溫柔的愛親像天頂的雲輕輕仔飛
疼痛阮的心　愛惜阮的情

永遠記佇阮的心肝底
微微仔風吹來雲的笑容
月娘佇偎咱　你甘有歡喜

夢中的你

阮佇夢中看到你的笑
親像春天的苦楝仔花
紫色的花蕊輕輕仔飛
黑色的籽結了擱不甘離開

阮佇夢中看到你的笑
親像岸邊的野薑仔花
白色的花蕊陣陣仔香
溪水流乾了擱不願離開

紫色的夢中有白色的花香
夢中的你　有春花的香
夢中的你　有疼惜阮的情
夢中的你　有阮的笑容

卷七

初春的刺桐

初春的刺桐

三月初醒的陽光　灑下
掛滿一樹千吻的紅唇　無奈
沾不上他衣領的半邊　輕嘆
胭脂無心染上翠綠的臉龐
枝幹有意挺起粗壯的臂膀
於是　相擁迎向春陽
於是　挽手步入雲端
藍天裡隱著深情的笑
海面上藏起悸動的波

妳沉醉在和風醺剩的煙嵐裡
擎住一枝翠綠印上數朵朱唇
一片紅暈染不上半點塵
於是　守候一世的真情
於是　告別不告別都無所謂
明年　依舊站在原地

等待一場驚艷的紅

【附】東海岸的台十一線兩旁種滿刺桐，春天開滿了紅花，像一片嫣紅的花海。

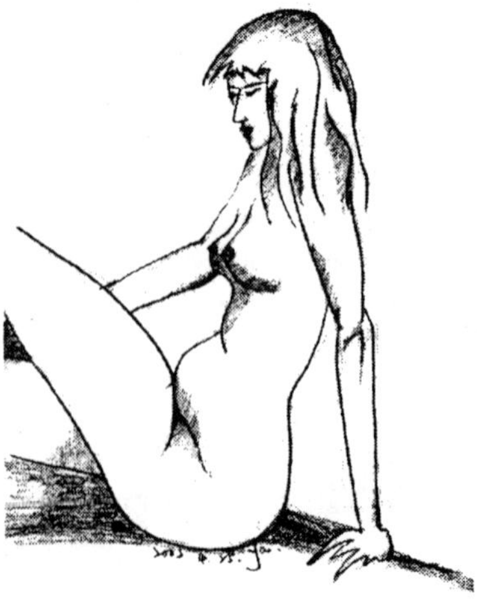

雨豆樹的風雨情

兩隻黃鶯喚醒初春的微雨
往日行宮前的木蓮翻開蒼白的記憶
昭和太子的笑靨還掛在雨豆樹的枝椏
春雨綿綿　深情仍在
一陣風起　吹夢到東瀛

幾聲蟬鳴心淒得雨滴蓮池
往日爭看雨豆的單身宿舍深鎖一排冷清
光棍夜半的情愫還印在紙糊的軒窗上
夏雨霪霪　慕戀依舊
一串雷響　敲碎墨染的夜

一聲畫眉啼悲幾葉孤秋
往日慶豐收的酒香嵌在老咕石的台階上
別離郎君的淚還流在酒釀的蓮池裡
秋雨紛紛　醉意猶存

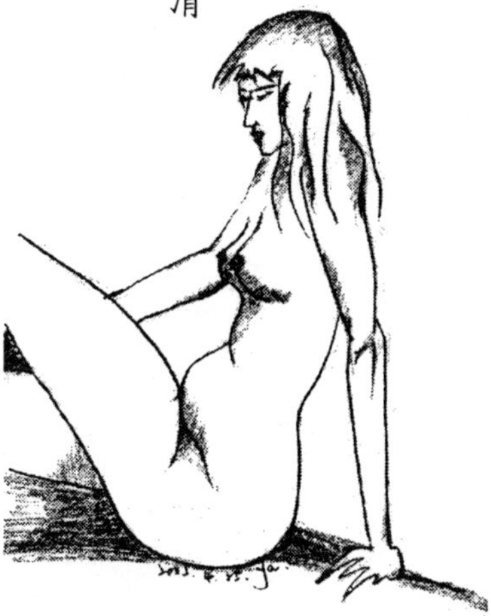

一縷輕煙　寄愛去雲端
兩行雁陣抹去相思的淚痕
往日舞台旋轉的身影被蔓藤緊纏哀嚎
迷戀雨豆的漢子斬斷糾葛的根鬚
冬雨霏霏　痴心難耐
這孤寂的夜怎一個愁字了得

風雨飄搖　回首已經百年
佇立在橋頭糖廠的雨豆樹
終日凝眸苦盼伊人
歲末又是一年添新愁
雨如豆灑　淚如花飛
水隨天去　風聲瀟瀟
蓮池乾涸前雨豆不曾有淚
枯守孤寂後雨豆不再有笑
赤色殖民的哀歌早已消聲
午后樹灑的金黃再度粲笑
流金百年歲月　雨豆樹空寂無恨

【附】

橋頭糖廠是日據時代在台最早設立的總廠，初見雨豆樹在一個昏黃的午後，一位熱心的文史工作者訴說著她一百零三年的滄桑，我迷戀她沐浴春陽中的風采，屢次來看她卻遲遲不敢下筆，崇敬她一如對女神的仰慕。

曾有個德國旅客在日本的雜誌看到糖廠的雨豆樹，遠飛來台一睹芳澤。

聽見花開

灰色的牆黑色的框裡兩株無色的海芋相依偎
鵝黃的燈光透明的水杯裡粉紅的玫瑰冰鎮著
一杯拿鐵漩進熱奶的濃醇中杯緣殘留紅色的唇印
呼著咖啡香的嘴輕喚一朵含包的玫瑰初綻
我輕觸她粉嫩的花瓣等待捲曲的腰身扭開
憐惜的雙眼閃著子夜的星光
一聲纓絡微敲杯裡的脆冰
我聽見花開的聲音　從妳的愛裡
今夜我在濃密的叢林裡驚遇一朵嬌豔的玫瑰

【附】寫於高醫的咖啡廳。

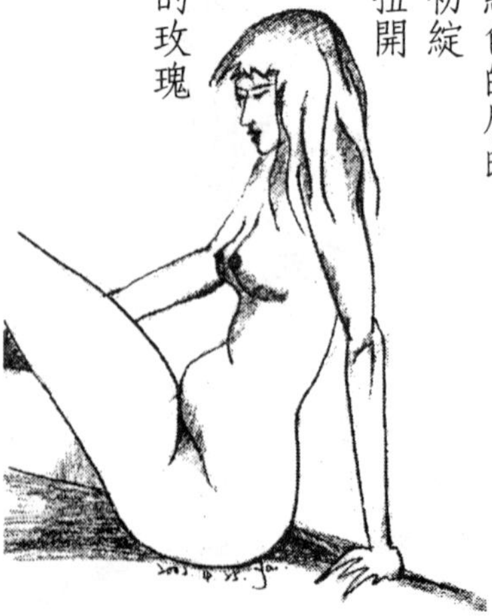

悼蓮

灰泥中的一朵紅蓮
撐了幾世的傲骨
船槳一揮　打落了滿池的無奈

軟泥中的一朵白蓮
熬了幾季風霜
雷聲一響　急哭了滿天的雲朵

一池失聲的顏色垂首含淚
幾縷無色的輕煙釋出最後的溫柔
告別今夏一場綻放的驚艷
留下滿懷不捨的惆悵

【附】數年前和素華到長濱看蓮，恰遇主人將蓮池改為魚池，一場初次的喜悅頓成憂傷。

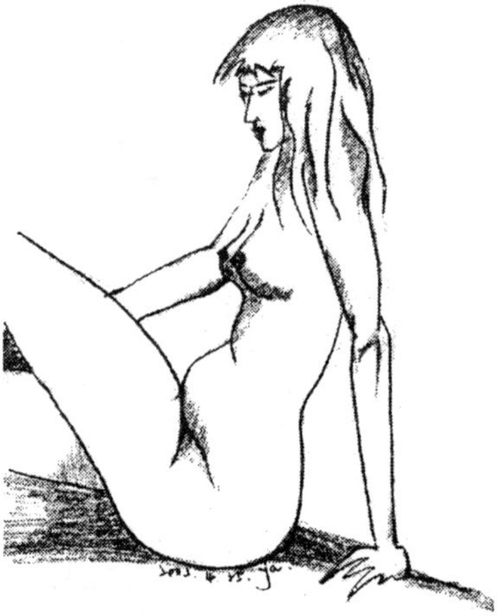

告別冬天

棉被曬在竹竿上　收起冬天
陽光有焗烤的奶油香

鳥籠掛在窗沿下　釋放春天
綠葉有炭燻的茶油香

牆角下跳出一隻蟋蟀　告別冬天
草叢裡蘊夢的露珠含笑
金龜子吊在紗窗上　迎接春天
早晨初醒的小孩微笑

摘下清晨昨夜未歸的白月　放入口袋
飲盡一杯奶濃的咖啡　呼一口氣
喘息間溢出孩提的奶味　於是
鎖住春天　孕育風中
期待秋紅的豐收

比翼

山將寒冬的灰燼盛在月光杯裡
海把暖春的漁火放進水晶瓶中
夜鷺捎來她思念的信箋　於是
他攀登夢的山脊　橫跨古老的神話
等待春陽初醒　等待微風輕吹
就要和她比翼

【附】在朋友的婚禮上聽到一首祝福的歌〈比翼〉，於是將它寫成詩。

掌聲

側身　位移　速度
光　捉不住他閃動的影
帶球　上籃　得分
風　甩不掉他鼻尖的汗

布鞋漫罵襪子的臭
短褲強忍大腿的噁
閉嘴
再練一場
我將成為她的掌聲

【附】於東師籃球場等明珠的空檔。

浮夢謳歌

幽暗的黑洞彈出舒曼的憂鬱
噬咬著一顆欲出凡塵的心
沉睡的靈魂敲醒李斯特的鐘
舞動的時間跳回古老的墓碑
貝多芬還在大雨中狂飆他記憶的餘音
一場黑色風暴過後將白雲還給藍天
卡拉揚把杜蘭朵帶到陽光下熱吻
黏稠的拉丁舞出南方的顏色
半醉半醒的黑人藍調還在酒吧裡低迴
浮生如夢難得瀟灑走一回
睡覺時偶爾把命運交給上帝
不必牽掛明天的路走向哪裡

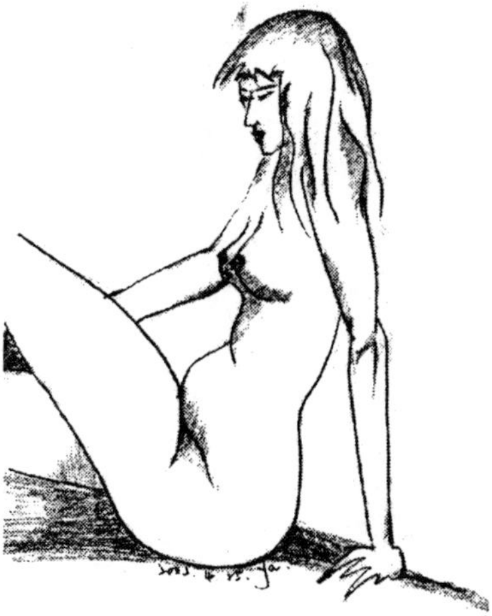

圓圈

我不想用沮喪來看待挫敗
一如 你不想用愉悦來等待勝利
生命自成一個圓 善惡共存
情慾自成一個圈 愛恨並聯

我不想用一個圓鎖住善惡
一如 你不想用一個圈栓緊愛恨
太陽自成一個圓 喜怒共存
月亮自成一個圈 哀樂並聯

你眼裡的圓 圈住我的眼
你心裡的圓 圈住我的心
每一次相聚都是個圓
每一次交融都是個圈

我們坐在圓圈裡 促膝到天明

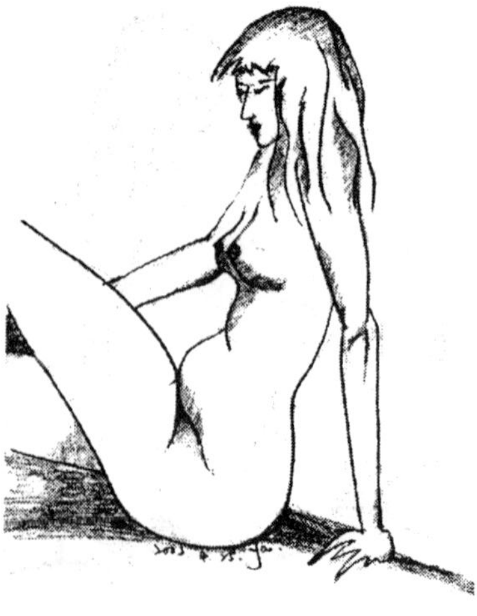

都市叢林

過路的肩閃開不想碰的臂　匆匆
失落的眼無視前方的危機　墮落

水泥森林　方塊電梯　急速冷凍一顆心
隱形眼鏡　太陽眼鏡　慢慢冷卻一段情

打開冰箱　逃避炎夏　冬眠一串病菌
關上鐵門　鎖住寂寞　蒸發一季孤獨

單人床上的雙人枕頭狂叫　擁擠
藍色玻璃瓶裡紅色的愛混淆　污濁

急駛列車上的人影晃動　寂寞
白色樓閣裡黑色的牆閉嘴　禁聲

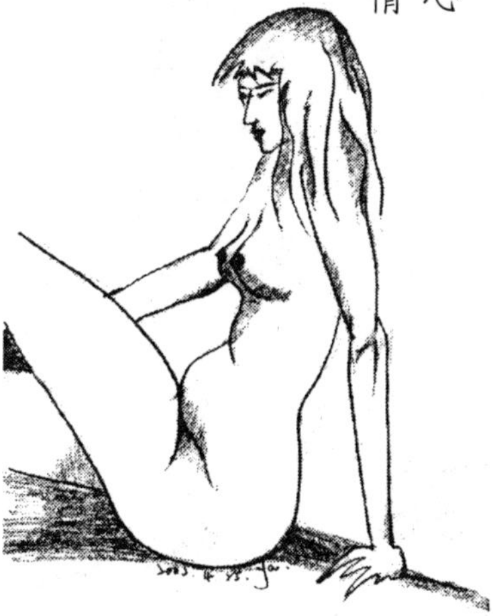

別走

未來掛在牆角竊笑
過去不斷被馬桶沖掉
壓抑衝到街口狂叫
傲慢竄進暗巷喘氣
握住你的手感受當下

在南迴的列車上

雲盤據藍天的心窩
冬陽撥不開背指的罅隙看海
黑洞圇吞緩行的列車
大武的綠臂環抱小鎮
我坐在輕搖的列車上
聽不著風　看不見海
一廂沉睡的歸人已入夢
一對情侶私語蜜笑
兩個稚童決戰電玩
黑暫堵多嘴的口
片刻寧靜中　我開始想你
唇角抿出你的笑窩
鼻息淡出你的酒香
冬陽乍現又瞬滅
一畝綠田映入心簾
風在渠溝裡沐浴

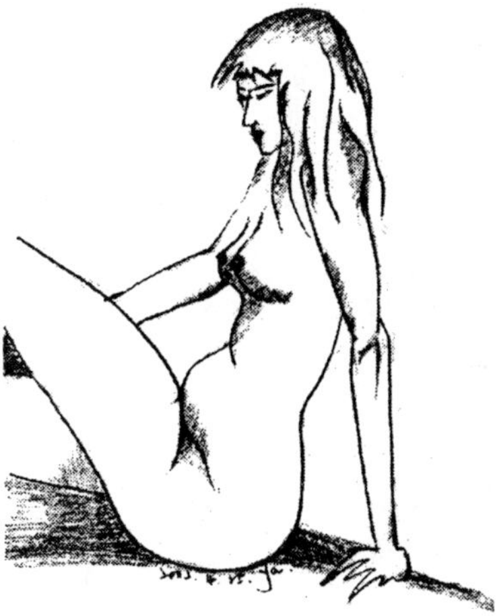

啊　漁人　我看見海了
崖邊的果子用紙袋包裹赤裸的身軀
路切割出方格的漁塭分開海與地
一群銀鈴般的蓮霧倏然輕笑
枋寮站到了　旅客紛沓上車　我去小解一下再寫

隔壁的阿嬤已熟睡
一頂棕色的毛帽遮住鼻樑上的老花眼鏡
水車揮別緩行的列車
沙洲散落在出海的河口
林邊站到了　這一站沒有人下車　我喝口咖啡再寫

後座的稚童還在拼鬥
一個初醒的孩子數著車站邊的老茄苳樹
「火車　火車快走吧　為什麼馬路的車子不停下來讓我們先走」
初醒的孩子揉揉眼睛說
「Mi Do Mi Do Sol Sol Sol 為什麼還不走呢」
打電玩的孩子不耐煩的說
紅瓦屋的青苔告別了緩行的列車

啊　漁人　我看見沼澤了
岸邊的群鷺用單腳迎接溫暖的冬陽
高飛的白鷺擒不住緩行的列車
南洲站到了　這一站連上車的人都沒有
前座的小姐不停的撥著手機
屏東一到情人就會來接她

椰影捉不住風的輕吻
沁涼的椰果冰鎮緩行的列車
潮州站到了　我懶得再理上下車的旅客
龍眼花綻放春陽的清香
檳榔樹守護田中的家園
蕉葉也來沾一點光彩　我記得這地方
小徑延伸到初戀人兒的家
嫣紅的九重葛垂掛在白屋的窗邊
橘染的爆竹花斜拱在舊舍的門上
糖廠的大煙囪呼出大口大口的白煙
屋舍擁擠瓦簷相連　一股悶熱的氣

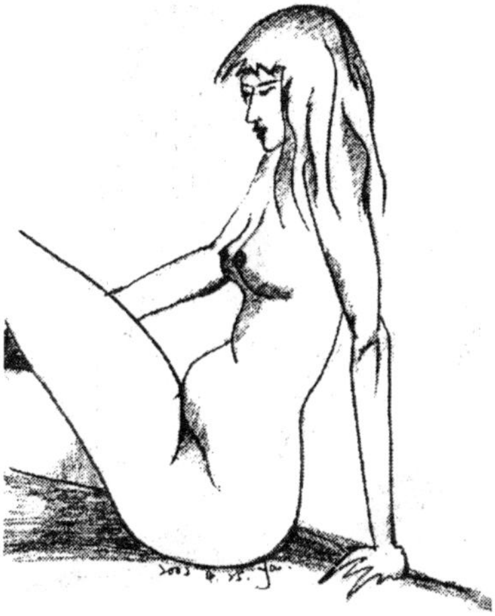

堵住了順暢的呼吸
屏東站到了 嘿 前座的小姐可別忘了下車
趁著蜂擁急促的腳步尚未站妥前
睨一眼逆行的列車
好想回台東 我靠一下背再寫

掃一眼新上車的旅客
一個光頭的爸爸摟著兩個含蓄的小男生
左窗一指 右窗一望
爸爸輕喋不休的上著鄉土課
九曲堂到了 我記得這地方
大姊初嫁長女時還找這未出嫁的妹子去當伴娘呢
一對年輕戀人笑談上車
男子深褐的鱷魚背包突然裂嘴哂笑
車窗外的廠房嶙峋夾住列車
一排古墓的老魂被緩行的列車吵醒

鳳山站到了 我當然記得這兒
這是高中夜讀的軌道也是遷出老宅後

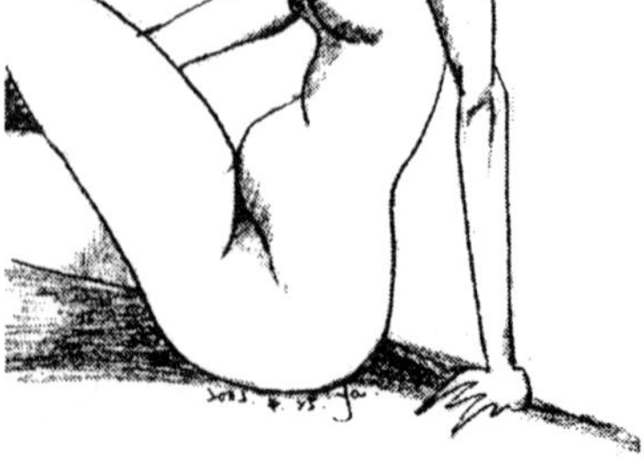

二哥攢錢得來的小公寓
啊　漁人　不能再寫了
再過十分鐘就到了終點站高雄
我還要轉搭電聯車回橋頭呢
啊　漁人　這趟歸鄉之旅有你的思念隨行
真是豐盛美好

轉車

電聯車傾洩出飛瀑的人潮
對座的奶娃怎能吸著滿足的奶
骨轆轆的雙眼忙著捕捉來往的影
脫掉小兔帽　晶瑩的汗珠掛在額上
嘴角邊殘餘奶白的乳香
喔　看我一眼吧　可愛的小奶娃
消除我背囊上的重
抹平我旅途中的累
嘿　給我一個笑吧　可愛的小奶娃
我要記住這萍水相逢的緣
我要畫下這純真無邪的眼
小奶娃灑下一車粲笑
酷帥的少年扶欄逗笑
雪膚的少女不再蹙眉遠望
妙齡的小姐爹聲輕笑
嘿　隔壁座的大嬸你怎麼偷看我寫的詩

合上札記　找對頻率
嗯嗯呵呵　小奶娃對著我笑耶

把你們留在詩裡

陸地上的風吹來文曲星的思念
一朵茉莉的素香引來滿天彤驊
秀麗的雯雲上兩隻雨燕翎越天際
檸檬色的萍草漂浮在金色的水田裡
俊挺的枝椏上美麗的櫻花淡出清香
淨美的幽蘭淑姿迷人佇立在晴空下
一顆明珠在藍色的河裡閃著微光
素白的蓮華敏慧的雙眸輕眨
亮出一道金光美賽群芳
披掛一件蕓璟羅織的綾綢
馥郁可人的倩影如碧玉般惹人憐愛
慶遇一場東海岸的激情後
名媛樹立一塊貞節牌坊在沙漠屋前
非請勿入 一間雅緻的民宿映入眼簾

【附】給爺爺陸風、父親文曲、母親素香、四姊彤驊
以及所有找得到你名字的好朋友們。

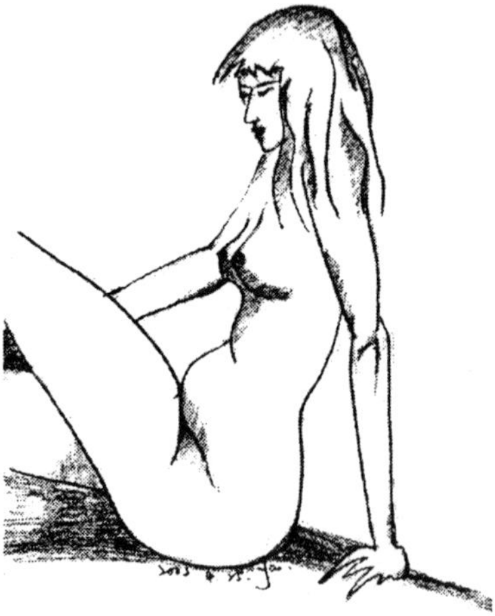